Guillaume DE CHAMPEAUX

A TRAVERS

LES

Oasis Sahariennes

LES SPAHIS

Sahariens

...ELOT et Cie, Éditeurs
30, Rue Dauphine

A TRAVERS
LES
OASIS SAHARIENNES

Guillaume DE CHAMPEAUX

A TRAVERS

LES

Oasis Sahariennes

LES SPAHIS Sahariens

R. CHAPELOT et Cie, Éditeurs.

AVANT-PROPOS

Je livre au public, dès ma rentrée en France, de simples notes recueillies sur place et écrites au courant du crayon, sous la tente ou en plein air, durant mes longues routes à méhari dans les régions sahariennes. A défaut d'autres mérites, elles auront du moins celui d'être l'œuvre de quelqu'un qui a vécu dans le pays, qui a vu par lui-même, et qui a pu sefaire une idée personnelle, idée qui sera, espère-t-il, partagée par les lecteurs, sur ces oasis sahariennes de récente conquête.

Novembre 1902.

Depuis le mois de novembre, époque à laquelle j'écrivais ces quelques lignes d'avant-propos, au moment où je me disposais à livrer à l'éditeur mon ouvrage sur les oasis sahariennes, d'importants et de graves événements ont surgi dans une contrée voisine, au Maroc. Un agitateur, suivi de partisans imbus d'idées anciennes et poussés par la fureur religieuse et le culte étroit des traditions, s'est soulevé contre un jeune souverain, le sultan Moulaï-Abdul-Aziz, dont l'esprit éclairé et large cherchait à déraciner dans son empire les superstitions surannées, pour s'engager dans la voie du progrès et de la civilisation moderne.

A l'heure actuelle, certains de nos territoires algériens subissent le contre-coup de ces événements. Dans l'extrême-sud oranais, les vallées de l'oued Zousfana et de l'oued Saouara, qui touchent aux oasis sahariennes, sont constamment parcourues par de nombreuses bandes de rebelles, appartenant aux tribus des Doui-Ménia, des Ouled-Djerir et des Beni-Guil, par des dissidents réfugiés au Figuig, auprès de Bou-Amama, et par des Marocains, les Beraber, venus du Tafilelt.

Mes notes deviennent donc plus que jamais de toute actualité, puisqu'elles conduisent les lecteurs dans un pays dont la sécurité est aujourd'hui fortement menacée, malgré les quelques coups de canon anodins, tirés récemment sur Zenaga (Figuig).

Juillet 1903.

G. DE C.

UNE RUE D'UN KSAR.

PREMIÈRE PARTIE

Le 18 janvier 1900, le chef de bataillon Baumgarten, commandant supérieur du cercle d'El Goléa, commandant la colonne des oasis du Sud, adressait aux kebar (1) d'In Salah la proclamation suivante :

« Ceci est la volonté de la France, maîtresse du pays de la mer à Tombouctou.

« Cessez de tourner vos regards du côté de l'Ouest ; vous n'avez aucun secours à en attendre ; et les pertes cruelles que vous avez subies en deux rencontres ont dû vous prouver que, malgré votre bravoure, vos balles étaient sans effet contre nous. Nous, au contraire, nous vous apportons l'ordre et la prospérité par le commerce.

« La France, généreuse parce qu'elle est forte, oubliera que vous avez assailli une mission pacifique et vous traitera avec la bienveillance qu'elle montre aux musulmans du Nord que vous voyez à nos côtés. Causez avec eux ; ils vous diront que vos coutumes, votre religion et votre fortune seront respectées ; mais soumettez-vous complètement à ce qui est écrit ; sans cela, craignez ma colère.

« Tout attentat contre nos troupes sera châtié sans pitié.

« Fait à la date du 18 janvier 1900. »

---

(1) *Kebar*, pluriel de *kebir* (grand). Les kebar sont les principaux personnages, les notables d'une cité.

La conquête des oasis sahariennes *manu militari* allait donc commencer, amenée par les quelques coups de fusil qui, tirés depuis le 28 décembre 1899, avaient mis fin à la mission pacifique Flamand.

PLANTATIONS DE PALMIERS.

PALMIERS ET KSAR.

Oasis sahariennes.

Les oasis sahariennes comprennent les vastes plantations de palmiers situées au sud du Grand Erg (1), à l'ouest de la vallée de l'oued (2) Meguiden, à l'ouest et au sud du plateau du Tadmaït, dans les grandes dépressions de terrain connues sous les noms de vallée de l'oued Saoura et de vallée de l'oued El Botha.

Elles forment de nombreux groupements qui, réunis en un certain nombre, constituent les trois groupes principaux appelés : Gourara, Touat, Tidikelt.

Les différentes dénominations que nous avons adoptées sont celles qui, d'un usage courant, paraissent avoir été choisies depuis fort longtemps par la plus grande partie des indigènes.

L'oued Saoura qui donne son nom à l'importante vallée des oasis sahariennes a son origine en territoire marocain sur le versant sud du djebel (3) Galloul. Depuis sa source

---

(1) *Erg* ou *Areg*, littéralement : veine. Région de dunes de sable.

(2) *Oued* (rivière). Ce mot s'emploie aussi pour désigner une grande dépression, large mais peu profonde, avec végétation. Dans aucun cas il n'implique l'idée forcée d'eau.

(3) *Djebel* (montagne), chaîne de montagnes.

jusqu'aux ksour (1) du Figuig, ce cours d'eau change plusieurs fois de nom; du Figuig jusqu'au ksar d'Igli, il devient, dans l'extrême sud de la province d'Oran, l'oued Zousfana. Ce n'est qu'à partir d'Igli, où il reçoit les eaux de son principal affluent l'oued Guir, qu'il est appelé l'oued Saoura et quelquefois plus au Sud l'oued Messaoud. Sa direction générale est Nord-Sud avec un coude très prononcé vers l'Ouest entre Taghit et Zaouïa Kerzas (extrême sud de la province d'Oran). Son cours, qui est souterrain, sauf en quelques points dans la province d'Oran, a été nettement déterminé jusqu'au-dessous de l'oasis de Tasfaout-Fenourin. Là on le perd de vue : on suppose qu'après avoir traversé les sebkhas (2) placées en bordure de quelques oasis du Touat, il se dirige vers le Reggan pour se perdre ensuite dans les vastes bas-fonds d'une cuvette qui se trouve au sud du Tidikelt.

L'oued Saoura coule à fleur de terre, et cela pendant quelques jours seulement, dans les années exceptionnellement pluvieuses (tous les vingt ou vingt-cinq ans, affirment les habitants du pays), lorsque de fortes crues descendent des plateaux supérieurs. En temps ordinaire, l'eau n'est visible dans son lit, et encore en certaines places, que dans les environs de Csabi, Zaouïa Kerzaz, Beni Abbès, Igli, (extrême sud de la province d'Oran).

Durant son long parcours, l'oued Saoura reçoit sur sa rive droite et principalement sur sa rive gauche toutes les eaux des hautes dunes et des plateaux élevés qui l'enserrent, tels que : l'Erg Iguidi, le Grand Erg, le Tadmaït. Aussi sa vallée forme-t-elle un long et large bassin riche

---

(1) *Ksour*, pluriel de *ksar* (village fortifié).

(2) *Sebkha* (terrain salsugineux, bas-fond humide et salé). En hiver, le sol de la sebkha, détrempé par la fraîcheur ou par les pluies, devient humide et boueux. En été, au contraire, sous l'action de la chaleur, il se sèche, se durcit et se recouvre d'une couche cassante. Le terrain de sebkha qui est salsugineux, est blanchâtre.

en eaux souterraines qui alimentent un nombre considérable de puits et de feggaguir (1), ce qui permet d'irriguer les palmiers et les jardins des oasis.

L'étude des eaux a fait constater que dans le Touat et le Tidikelt les eaux descendent de l'Est, perpendiculairement à l'oued Saoura dont le thalweg suit à l'Ouest la ligne des oasis. Par suite, les feggaguir ont toutes une direction Est-Ouest.

L'oued El Botha n'est encore connu que dans la partie inférieure de son cours, depuis Ksihsou-El Khenig jusqu'à l'endroit où, sous le nom de oued Djaret, il se déverse dans la cuvette sud du Tidikelt. Sa direction constante est Est-Ouest.

---

(1) *Feggaguir*, pluriel de *foggara*. Puits reliés par des galeries destinées à produire l'écoulement d'une eau prise dans des terrains plus élevés que les surfaces à arroser.

Gourara.

Le Gourara est formé par les groupements nord des oasis sahariennes. La caractéristique de ce territoire consiste dans la réunion de ses palmiers et jardins, soit au pied des dunes sur les confins du Grand Erg, soit le long des bords des sebkhas du Gourara.

Les principales oasis avec leurs ksour les plus importants sont :

Le Tin Erkouk, à la pointe de l'Erg, dans des dunes sablonneuses, avec les ksour de Tabelkoza, In Hammou, Fatis, Tahantas.

Les oasis de la Sebkha du Gourara, ou le Gourara proprement dit (1), qui comprennent, ainsi que le nom l'indique, les groupements de palmiers voisins des rives de la Grande Sebkha. Les principaux sont : au Nord et à l'Ouest, les oasis des ksour d'El Hadj Guelman, d'El Haïha, des Ouled Saïd et des Ouled Aïssa, qui également touchent toutes, sauf El Hadj Guelman, aux dernières dunes de

(1) Sur presque toutes les cartes, l'on trouve écrits les noms de Djereifet, Teganet, Zoua, Derhamcha, pour indiquer certains groupements d'oasis gourariennes. Ces désignations, tombées depuis fort longtemps en désuétude, sont actuellement très peu connues et ne sont jamais employées dans le pays.

l'Erg ; à l'Est et au Sud, les grandes oasis de Timimoun, dont les ksour les plus populeux sont : Timimoun, Beni Melouk, Taoursit. Le ksar de Timimoun peut être considéré comme la capitale du Gourara, tant par l'étendue de ses jardins et le nombre de ses palmiers que par l'activité et l'importance de son commerce.

L'oasis de Charouin située à l'ouest des rives de la Grande Sebkha. Son ksar, Charouïn, est le point de passage des caravanes oranaises qui arrivent par l'oued Namous à destination du Gourara méridional et du Touat.

L'oasis et le ksar de Talmin, au nord du Charouin, complètement en avant dans les sables.

Le Deldoul, au sud de la Grande Sebkha du Gourara, avec les ksour principaux de : El Barka et des Ouled Abbou. Malgré de faibles ressources d'eau, les oasis du Deldoul possèdent des jardins assez bien cultivés. C'est aux Ouled Abbou que le célèbre marabout Bou Amama a vécu pendant plusieurs années. C'est là qu'il donnait refuge aux dissidents Chäamba ; et c'est de là qu'il envoyait des coupeurs de route dans l'extrême-sud algérien.

L'oasis de Métarfa, au sud-ouest du Deldoul, composée de deux ksour : Sahela et Métarfa.

Le Tsabit, le long de la rive est d'une petite sebkha, dont on peut citer les ksour de Brinken et d'El Maïz.

L'Aougueroût, placé à l'extrémité de la vallée de l'oued Meguiden, au pied et à quelques kilomètres du plateau du Tadmaït. De ses nombreux ksour, les plus importants sont : Bou Guemma, Tiberkamin, Ksar El Hadj.

La production maîtresse du Gourara est la datte. Les palmiers sont fort nombreux, mais tous ne donnent pas de bons fruits ; les palmiers bours dominent. Le palmier bour, appelé djali dans le Tidikelt, est un arbre dont le pied est ni irrigué, ni cultivé. Planté dans des bas-fonds, même entre les dunes, dans des endroits où ses racines peuvent trouver de l'humidité ou de l'eau, il pousse très souvent en touffe. Lorsqu'il est nettoyé de ses branches mortes et quand il est fécondé, il produit comme les autres palmiers, mais il ne donne jamais que des fruits d'une qualité très inférieure. Les palmiers bours sont aussi parfois des arbres dont la culture a été abandonnée. Selon le recensement de 1901, on compte dans la région entière du Gourara 689,729 palmiers en plein rapport et producteurs de dattes comestibles.

On trouve dans le Gourara et dans les autres oasis sahariennes une infinité de variétés de dattes, plus de cinquante espèces. Les fruits tombés avant maturité et ceux qui proviennent de régimes (1) coupés à une certaine époque afin de soulager l'arbre au profit des autres, se nomment belah lorsqu'ils sont verts, et achef lorsqu'ils sont secs. Ils constituent une très bonne nourriture pour les chameaux qui en sont friands.

Dans chaque oasis, les indigènes cultivent sous les palmiers des petites parcelles de terrain où ils récoltent quelques légumes tels que : choux, oignons, navets, carottes, fèves, citrouilles, pastèques, tomates et piments, le tout en très faible quantité et de qualité médiocre. Les habitants sèment aussi chaque année le blé et l'orge qui leur sont nécessaires pour leur propre consommation. De rares figuiers, abricotiers, grenadiers et cognassiers, quelques cotonniers, des plants de vigne agreste, de tabac, de lin et de chanvre forment le complément de la culture du pays gouarien.

L'élevage des animaux domestiques n'est pas très important dans le Gourara. On y rencontre surtout des chèvres et des ânes, peu de moutons et encore moins de chameaux. Le mouton le plus commun appartient à une espèce particulière et est appelé ademan. Sans laine, sans cornes, cet animal haut sur jambes est de grande taille,

---

(1) Le régime est formé par la réunion des nombreuses petites branches qui portent les dattes. Un palmier peut avoir jusqu'à sept régimes.

principalement la brebis. Cette dernière est très féconde et fournit une quantité de lait en rapport avec sa fécondité.

La volaille du pays, constituée par des poulets et des pigeons, ne serait pas mauvaise si, malgré ses formes exiguës, elle n'était pas ordinairement maigre par suite du manque de soins et de nourriture.

Les productions naturelles du Gourara sont : le sel qui provient des sebkhas, le salpètre, l'alun et la pierre à chaux.

L'industrie de cette région consiste uniquement dans le tissage de la laine et du coton par les femmes. La laine apportée par les caravanes et le coton se transforment entre leurs mains en couvertures rayées ou dokhalis, en burnous, en ksas (1) et en haoulis dont on se sert comme vêtements. La production est donc variable et dépend des importations faites dans le courant de l'année.

---

(1) Le *ksa* et l'*haouli* dont la largeur ordinaire est de $1^{m},50$ varient en longueur entre 5 et 6 mètres. Les hommes et les femmes s'enroulent dans ces pièces de laine de manière à laisser les membres libres. L'haouli est spécialement réservé aux hommes; c'est le haïck du pays; il est d'une trame plus légère que celle du ksa.

JARDINS DANS UNE OASIS.

UN PUITS DANS LES JARDINS.

Touat.

Dans le Touat se trouvent les oasis les plus importantes et les plus riches des oasis sahariennes. Les palmiers de cette région, quoique moins nombreux que ceux du Gourara, donnent en proportion un plus fort rendement ; les jardins occupent une étendue plus considérable ; l'élevage et l'industrie sont plus développés que dans le Gourara et le Tidikelt. Placés entre le thalweg de l'oued Saoura à l'Ouest et les escarpements de l'étage inférieur du plateau du Tadmaït à l'Est, les groupements de palmiers sont très resserrés et suffisamment pourvus d'eau.

Les principales oasis avec leurs ksour les plus importants sont :

L'oasis de Sba qui a été longtemps considérée comme faisant partie du Gourara. Très petite, elle ne renferme que les deux ksour de Sba et de Guerara.

Le Bouda, divisé en deux parties distinctes : Bouda Foukani (1), et Bouda Tahtani. Ben Draou et El Mansour sont les ksour principaux. C'est par le Bouda que passent les voyageurs qui se rendent directement du Tafilelt au Touat en suivant la vallée de l'oued Saoura.

---

(1) *Foukani* signifie en haut ; *tahtani* veut dire en bas.

Le Timmi, oasis la plus populeuse et la plus riche de la contrée. Le ksar d'Adrar est sans conteste la capitale de la région touatienne tant par la grandeur de ses jardins et le nombre de ses habitants que par l'importance de ses productions, de son industrie et de son commerce.

L'oasis de Tamentit qui tire son nom de son ksar le plus important. Le ksar de Tamentit est, après Adrar, le centre où règnent le plus l'activité et le travail.

Le Bou Faddi avec le ksar d'Abenkour.

Les oasis de Tasfaout-Fenourin, dont on peut citer les ksour de Tasfaout et de El Mansour-Fenourin.

Le Tamest où l'on trouve les ksour d'El Hamer et de Titaf.

Les oasis de Zaouïet Kounta, les plus riches après le Timmi, qui comptent de nombreux ksour dont les principaux sont : Zaglou, Taberkant, Zaouïet Kounta. C'est dans ce dernier ksar que demeure le marabout Mouley Mohammed ben Mouley Smaïl dont l'influence est considérable. Sa zaouïa (1) est très fréquentée.

Les oasis d'Inzegmir avec les ksour de Bou Ali, d'Inzegmir, de Tittaouin. Ces oasis sont souvent appelées Touat-el-Henna à cause de la grande quantité de henné qu'elles produisent. Le henné (lawsonia inermis) est une plante arborescente dont les feuilles et les fleurs, réduites en poudre, donnent, par une macération dans de l'eau chaude, une teinture rouge brique. Les Arabes, surtout les femmes, apportent une certaine coquetterie à se teindre avec du henné les pieds et les mains. Ils s'en servent également comme médicament astringent dans une foule de cas.

Le Sali dont l'un des ksour importants est El Meharza. Le Sali est connu pour le grand nombre de ses palmiers.

---

(1) *Zaouïa*, littéralement : coin, réduit. Maison bâtie sur le tombeau d'un marabout vénéré. Une école dirigée par un personnage religieux se tient généralement dans les dépendances de la zaouïa. Pluriel : *zaouïat*.

Le Reggan. Ce groupement d'oasis, le plus méridional du Touat, est dominé de très près par le plateau du Tadmaït. Anzeglouf, Timadanin, Taourirt sont les ksour principaux.

Le Touat est la région la mieux partagée sous le rapport du sol et de l'eau : une terre alluvionnaire par suite de la proximité du lit de l'oued Saoura; de l'eau en suffisance amenée par un nombre considérable de feggaguir perpendiculaires à la vallée. Aussi les palmiers bours sont-ils moins nombreux que dans le Gourara, à l'avantage des palmiers producteurs de bons fruits dont le chiffre est de 463,101 d'après le recensement de 1901.

Les jardins sont vastes et bien cultivés; ils produisent les mêmes légumes que ceux de la région gourarienne, mais en plus grande proportion. Les récoltes de céréales, augmentées par celles du sorgho et du mil, sont assez fortes. Dans la culture des plants divers, celle du henné, à peine ébauchée dans le Gourara, occupe l'une des premières places. Les arbres fruitiers sont peu recherchés.

Les habitants du Touat se livrent à l'élevage des animaux domestiques et à celui de la volaille, presque dans les mêmes conditions que les indigènes du Gourara. Aussi les résultats sont-ils peu brillants ! Néanmoins on rencontre dans les grands centres quelques beaux moutons (ademans); et souvent les volailles, qui se ressentent de l'abondance relative des grains, ne sont pas aussi squelettes que celles du Gourara.

Les productions naturelles sont sensiblement identiques à celles de la région voisine : de l'alun d'une qualité excellente dans l'oued Chebbi à l'est du Reggan.

L'industrie est assez développée. En plus des tissus de laine et de coton fabriqués par les femmes, on trouve dans les ksour certains objets en cuir filali et des menus ouvrages de joaillerie.

La fabrication de la poudre est l'objet de soins particuliers dans la région touatienne. Les indigènes se servent d'un arbrisseau appelé krounka (1), cultivé dans leurs jardins, qui fournit par la combustion une poudre de charbon très fine. Le soufre est apporté par les caravanes. Le salpêtre provient des sebkhas.

(1) *Krounka* (calotropis procera), arbrisseau de la famille des asclïades. Son bois très tendre fournit par la combustion un charbon semblable à celui du fusain. Le krounka devient presque un véritable arbre dans les vallées du Mouydir où on en rencontre assez fréquemment.

Tidikelt.

Le Tidikelt comprend le territoire situé au pied même de l'étage inférieur du plateau du Tadmaït, dans une dépression de terrain entrecoupée par de nombreuses vallées, qui forme le bassin de l'oued El Botha dont le cours a comme direction générale une ligne Est-Ouest.

Cinq groupements de palmiers bien distincts et assez éloignés les uns des autres sont connus sous les noms suivants :

L'Akabli, en terrain aride et peu favorable aux plantations et aux cultures. Cette oasis est le point de rassemblement des caravanes dites Akabar qui vont des oasis sahariennes à Tombouctou, au Hoggar, à Ghat et à Ghadamès. Les ksour les plus importants sont : Ksar Mansour, Sahela et Zaouïet bou Naama dont la spécialité est de fournir des guides sacrés aux caravanes.

L'Aoulef, divisé en deux groupes d'oasis qui sont les plus riches du Tidikelt. Les jardins nombreux sont bien cultivés. Au Nord, l'Aoulef Ech Chorfa a comme ksar principal : Akhannous ; au Sud, l'Aoulef El Arab contient les ksour de Ksar Djedid et de Zaouïet Heinoun.

L'oasis de Tit qui tire son nom de son unique ksar : Tit.

Les oasis d'In Rar avec Ksar Lekhal. Les indigènes d'In Rar sont souvent appelés : Touareg El Abiodh (Touareg blancs), nom qui leur vient par suite de l'installation dans ces oasis d'une fraction de Touareg Hoggar, les Kel Amellel.

Les oasis d'In Salah, dont les ksour les plus importants sont : Ksar El Kebir, Ksar Ouled Belkassem et les Ouled El Hadj. On donne souvent le nom d'In Salah au groupement formé par Ksar El Kebir et les petits ksour qui l'environnent. C'est un tort ; mais les indigènes eux-mêmes le font. Ksar El Kebir est un point de transit, un marché, fréquenté par les caravanes qui y échangent des produits du Soudan contre des articles d'importation du Nord.

Enfin, au Nord, proches des oasis d'In Salah, et en avant comme placés en vedette, les ksour et palmiers d'Igosten, et ceux de Foggaret Ez Zoua.

Le Tidikelt possède une étendue de terre végétale fort petite par rapport au Touat et au Gourara. Telle est la cause pour laquelle les plantations de palmiers sont moins importantes et les jardins moins nombreux. Les quelques terrains cultivés qui sont alluvionnaires et abondamment pourvus d'eau sont assez productifs. On compte, suivant le recensement de 1901, 297,355 palmiers en plein rapport et fournissant de bonnes dattes ; les autres sont des djalis (1).

Le Tidikelt produit les mêmes légumes et les mêmes céréales que les deux autres régions, et en quantité suffisante pour la consommation de ses habitants. Les arbres fruitiers et les plantes variées sont de la même espèce que ceux de la vallée de l'oued Saoura ; ils sont peu cultivés.

L'élevage des animaux domestiques est plus suivi dans le Tidikelt que dans les deux autres groupes. On a recensé en 1901 : 626 chameaux, tandis que le Touat n'en accusait que 40 et le Gourara 241. Les moutons (ademans), les chèvres et les ânes trouvent une nourriture suffisante dans la

(1) *Djalis*, palmiers appelé *bours* dans le Touat et le Gourara.

PUITS A BASCULE, DIT « KARKAS ».

PUITS A BASCULE, DIT « KARKAS ».

raba. Les indigènes ont donné ce nom à une vaste dépression sablonneuse dans laquelle pousse une végétation arborescente. Cette raba, qui commence près des ksour de Foggaret Ez Zoua, se continue au sud d'In Rar et de Tit jusque vers Akabli où elle se termine.

Les productions naturelles ne diffèrent pas de celles des autres parties des oasis sahariennes.

En plus des tissus de laine ou de coton et des objets de joaillerie, l'industrie du Tidikelt fournit quelques travaux de pelleterie ; mais elle est loin d'être aussi importante que celle du Touat.

D'après cet exposé sommaire des différentes productions locales (plantations, cultures, élevage, industrie), propres aux trois grands groupes que forment les oasis sahariennes, nous voyons que, si le Gourara tient la tête avec ses palmiers et le Tidikelt avec son élevage, le Touat se trouve classé au premier rang par l'ensemble de ses productions et par son industrie. Hâtons-nous d'ajouter que la région la plus riche est aussi pauvre que ses deux régions sœurs !

Eaux. — Puits et Feggaguir.

L'étude des plantations et des cultures dans les oasis sahariennes réclame après elle un complément de quelques lignes sur les manières d'extraire l'eau du sol dans ce pays surchauffé par le soleil, où la question « eau » est, plus que partout ailleurs, une question de vie ou de mort.

Du Nord au Sud, de l'Est à l'Ouest, l'eau est souterraine. Il y a lieu de supposer qu'il existe dans toute l'étendue de la région saharienne deux nappes d'eau bien distinctes, identiques à celles que l'on a trouvées dans l'extrême-sud algérien : l'une superficielle, la plus proche du sol, alimentée par les eaux des pluies et des sources et purement locale; l'autre, faisant suite à la nappe jaillissante rencontrée à Ouargla et à El Goléa, et plus récemment aux portes mêmes du Tidikelt, à Foggaret Ez Zoua, où un puits artésien d'une profondeur de 47 mètres et d'un débit de 380 litres à la minute a été foré avec succès au mois de janvier 1902 (1). Bien que nous n'ayons jamais rencontré dans les oasis sahariennes que des traces bien incertaines, à Kaberten et aux Ouled Mahmoud, d'anciens

(1) L'atelier de sondage des puits artésiens transporté dans les palmeraies de Ksar El Kebir (In Salah) a obtenu, au mois de juin, un deuxième succès. La nappe artésienne a été trouvée à 45 mètres environ.

puits artésiens, nous devons néanmoins espérer en des résultats heureux, aussi bien dans le Touat et le Gourara que dans le Tidikelt, surtout si nous nous basons sur les dires de l'historien arabe Ibn Khaldoun, qui écrivait en l'année de l'hégire 795 (1392 de notre ère), les renseignements suivants :

« Dans les contrées du désert situées derrière l'Erg, on voit employer un procédé singulier pour obtenir des sources jaillissantes. On creuse un puits très profond, dont on a soin d'étayer les parois, et l'on continue ce travail jusqu'à ce que l'on atteigne une couche de pierre très dure. On entame cette couche avec des pics et des pioches, afin de l'amincir ; alors les ouvriers remontent et jettent au fond de l'excavation une masse de fer. La couche de roc se brise et laisse monter les eaux qu'elle recouvrait ; le puits se remplit ; l'eau en déborde et forme un ruisseau sur le sol. Quelquefois l'eau monte avec tant de vitesse que rien ne peut lui échapper. Ce phénomène se voit aux bourgades du Touat, de Tigourarin, de Ouargla et de Rir. »

A l'heure actuelle, les habitants des oasis sahariennes ne se servent que de la nappe d'eau souterraine superficielle. Selon que cette nappe est plus ou moins rapprochée du sol, les indigènes ont creusé des puits ou construit des feggaguir. Dans le Gourara, on trouve à la fois des puits et des feggaguir ; dans le Touat et dans le Tidikelt, on rencontre de fort nombreuses feggaguir et très peu de puits.

L'extraction de l'eau des puits ordinaires se fait au moyen d'un système appelé karkaz. Il consiste en une poutre dont la longueur varie suivant la profondeur du puits ; cette poutre équilibrée sur son centre repose sur un appui transversal supporté par deux montants en toub (terre sèche), ou souvent même par deux khecheb (1). A

(1) *Khecheb*, pluriel de *khechba* (poutre en bois de palmier).

PUITS D'UNE FOGGARA PROTÉGÉ PAR UN DÔME.

PEIGNE DISTRIBUTEUR D'EAU D'UNE FOGGARA.

l'une des extrémités de la poutre, on place un poids, une grosse pierre ordinairement, un peu plus lourd que le volume d'eau à extraire ; à l'autre, on attache une corde plus ou moins longue et un récipient à puiser. Ce récipient est soit en peau, soit en tiges de drinn ou en feuilles de palmier tressées. Au repos, la poudre est perpendiculaire au sol. Le seul effort à faire pour puiser l'eau consiste à relever la poutre en tirant sur la corde, afin que le récipient puisse plonger dans l'eau. On lâche alors la corde ; et le poids placé à l'extrémité de la poutre ramène cette dernière en arrière, en faisant monter au-dessus de l'orifice du puits le récipient plein d'eau qui est versée dans un bassin attenant (1).

Les feggaguir (au singulier foggara) ont l'immense avantage d'amener de l'eau courante dans les endroits à arroser. Elles suppriment le travail assez pénible de tirer la grande quantité d'eau journellement nécessaire à l'entretien des palmiers et des jardins, compensant ainsi les premières difficultés d'installation.

Les indigènes procèdent de la façon suivante pour la construction d'une foggara. Après avoir déterminé l'endroit où ils veulent faire aboutir l'eau, toujours dans un bas-fond, ils choisissent à la partie supérieure d'un exhaussement voisin un point plus ou moins éloigné selon la nature du terrain. Certains de ces points sont à 8 kilomètres. Là, ils creusent un premier puits ; et redescendant vers l'endroit choisi, ils creusent également une série de puits distants les uns des autres de cinq à dix mètres. Cela fait, ils les relient tous par une galerie souterraine qui suit la pente du sol, et ils arrivent ainsi à obtenir au point terminus un écoulement d'eau important et continu. L'eau provient non seulement du débit du puits primordial, mais encore des suintements qui ont lieu dans les puits

(1) Lorsque le système est de dimensions petites, ce qui a lieu pour les puits à fleur de terre, il se nomme *tiskemt*.

intermédiaires et dans le canal conducteur. Les nombreux puits intermédiaires, après avoir servi pour donner passage aux constructeurs de la galerie souterraine, sont employés dans la suite pour le curage ou les réparations. Les orifices de ces puits sont bouchés de manière à empêcher la tombée du sable. Quelques regards désignés pour le puisage de l'eau destinée aux besoins domestiques sont laissés ouverts. Ils sont souvent protégés par des margelles, et quelquefois par des dômes.

L'eau d'une foggara ainsi établie est la propriété entière de celui ou de ceux qui ont fait les dépenses d'installation. Telle est la raison pour laquelle elle appartient presque toujours à la communauté, par suite de la main-d'œuvre et des frais supportés par chaque habitant. Tout indigène peut, en outre, s'il le veut, creuser une foggara secondaire et la faire aboutir à la foggara mère ; il a droit, à sa sortie, à la moitié de la quantité d'eau qu'il a amenée dans la foggara primitive. Ce fait n'a guère lieu que dans le Tidikelt où quelques feggaguir possèdent deux ou trois branches.

Avant son entrée dans l'oasis, l'eau des feggaguir est répartie entre les habitants intéressés par un fonctionnaire public appelé Kiel el Ma (mesureur d'eau). Elle passe alors à travers les dents d'un gros peigne en argile pour se déverser ensuite dans les jardins par de petits canaux sinueux. Afin d'apprécier la quantité d'eau qui doit couler entre chaque dent du peigne et déterminer leur écartement, le Kiel el Ma emploie comme étalon un sablier ou une sorte de table en cuivre percée de trous.

Certaines feggaguir renferment des poissons qui vivent en grand nombre dans les galeries privées de lumière. Ce sont des barbeaux de la même espèce que ceux des rivières d'Algérie. Bien qu'ils habitent dans les ténèbres, ils possèdent des yeux fort apparents et ne sont pas aveugles.

Habitants des oasis sahariennes.

Idiome.

La population actuelle du Gourara, du Touat et du Tidikelt, qui a été évaluée par le recensement de 1901 à 52,099 individus provient, sauf quelques familles, de cinq origines différentes, qui sont :

1° Les Arabes, dont l'invasion dans le Touat remonte au IVe siècle de l'hégire (Xe siècle de l'ère chrétienne), qui appartiennent pour la plupart aux tribus des Khenafssa, des Ouled Yaïch et des Meharza fixées dans le Touat et le Gourara, et aux tribus des Ouled Ba Hamou, des Ouled El Mokhtar, des Ouled Zenan et des Zoua installées dans le Tidikelt;

2° Les Berbères, primitivement maîtres du pays, connus sous le nom de Zenata. « L'appellation de Zenata, dit le « commandant Deporter (1), désigne actuellement tous « les ksouriens de race berbère, réduits à l'état de clients « par les Arabes conquérants, bien qu'ils appartiennent à « des tribus berbères diverses » ;

3° Les Chorfa, Arabes originaires du Maroc et descen-

(1) Conférences sur la question du Touat. Alger, 1891.

dants directs, par les mâles, du Prophète. Les Chorfa sont considérés comme marabouts ; ils jouissent dans le pays d'une autorité et d'un prestige religieux considérables ;

4° Les Harratin (1), issus primitivement d'unions successives entre nègres et négresses d'origines différentes. Ce sont par conséquent des nègres dégénérés ; de là, leur teinte plus ou moins foncée, selon qu'ils sont plus ou moins près du sang. Les Harratin ne sont donc pas, ainsi qu'on le prétend généralement, issus d'unions entre blancs (Arabes, Berbères, Chorfa) et négresses. En effet, chez les indigènes des oasis sahariennes, où le père anoblit toujours son sang, l'enfant d'un blanc et d'une négresse appartient forcément à la caste et même au rang du père et, par suite, ne peut pas être Hartani. Il en serait tout autrement pour le fruit des amours d'une blanche et d'un nègre ; mais les cas sont si rares qu'ils n'ont jamais pu faire, à aucune époque, souche d'une race ;

5° Les Nègres affranchis ou esclaves.

Dans le Gourara, la population berbère l'emporte. Dans le Touat, elle serait aussi prédominante si le nombre des Arabes n'était pas renforcé par celui des Chorfa. Trois tribus d'Arabes nomades et pasteurs se sont partagé le Tidikelt qui compte également de nombreux membres de la famille maraboutique des Zoua. Partout, dans chaque ksar, on rencontre des Harratin et des Nègres affranchis ou esclaves.

Les Arabes, les Berbères et les Chorfa sont dits « hommes blancs ». Ils sont, en outre, qualifiés de « Djouad » (2), c'est-à-dire de nobles, pour bien marquer la distinction qui existe entre eux et les Harratin, gens de

---

(1) *Harratin*, pluriel de *hartani*. Le féminin est *hartania* et *hartaniat*. Gens de couleur.

(2) *Djouad*, au singulier, *djid*.

NÈGRES ESCLAVES OU AFFRANCHIS.

TYPES D'INDIGÈNES QUALIFIÉS DE « DJOUAD ».

couleur, qui forment la masse du peuple (1). Les Chorfa, d'extraction maraboutique, sont deux fois nobles.

Les Harratin constituent, avec les Nègres, la population travailleuse. Le Djid daigne parfois être artisan ou commerçant.

Les 52,099 âmes qui constituent la population des oasis sahariennes sont réparties en 22,889 pour le Gourara, 20,388 pour le Touat et 8,822 pour le Tidikelt.

Les types d'hommes et de femmes, très multiples, indiquent la grande diversité d'origines et des mélanges de sang continuels. Toute la gamme du sombre. Le noir franc de la race nègre arrive par degrés au vieux bronze des Harratin pour finir par la teinte bronzée plus ou moins claire des blancs. Les Djouad et les Harratin, à quelques exceptions près dans le Tidikelt, sont plutôt laids ; ils ont souvent un air maladif et languissant. Les Nègres sont plus forts et mieux constitués. Les femmes, même noires, sont souvent gracieuses et parfois jolies lorsqu'elles sont jeunes. Chez elles alors, les chairs sont fermes, les seins bien sortis et durs, le buste et les reins bien faits; les membres quoique forts ont de fines attaches; seuls les mains et les pieds laissent à désirer. Mais leur jeunesse est éphémère; à dix-huit ans au plus elles sont déjà fatiguées, molles et déformées, et il est rare de rencontrer une belle vieille de trente ans.

Les idiomes employés dans la région des oasis sahariennes sont : l'arabe, le chelha ou dialecte berbère, et parfois le temâcheq ou dialecte des Touareg. On parle surtout le chelha dans le Gourara. C'est dans le Tidikelt, dont les habitants ont de fréquentes relations avec les Touareg, que le langage temâcheq (2) est connu.

---

(1) D'après le recensement de la population en 1901, il y aurait environ 58 p. 100 de blancs, 33 p. 100 d'harratin et 9 p. 100 de nègres.

(2) Le dialecte des Touareg est appelé *temâcheq* ou *temâchek'* par certains auteurs, et *tamâheq* par d'autres.

Habitations.

Dans toute l'étendue des oasis sahariennes les constructions sont en toub. La toub est une motte de terre argileuse qui est séchée au soleil. Les maisons sont basses; elles possèdent toujours une terrasse et ont rarement un étage. Une maison consiste, en réalité, en quelques chambres obscures qui entourent une cour intérieure dans laquelle se trouve l'escalier conduisant sur la terrasse. L'architecture de chacun de ces taudis est d'une simplicité extrême : quatre murs plus ou moins droits ayant comme unique ouverture une porte basse. Les toitures sont faites avec des chevrons de palmier appelés khecheb sur lesquels sont placées soit des branches de palmier (djerids), soit des brindilles ou des herbes longues, recouvertes par une couche épaisse de mortier.

Les maisons, accolées et groupées au hasard, forment un tout qui constitue le ksar, c'est-à-dire la cité, dont les rues sinueuses, étroites et obscures, serpentent et s'enchevêtrent les unes dans les autres. Par-ci par-là, un manque de maisons forme une place. Le ksar est entouré par une enceinte crénelée, qui est flanquée de tours aux angles. Sa partie intérieure ou même extérieure, qui a été jugée comme devant être la plus propre à la défensive et la plus forte par son commandement sur les terrains environnants, est pourvue de tous côtés d'un large et profond fossé, et fortifiée d'une façon exceptionnelle. C'est la kasbah ou réduit. Dans les oasis où la kasbah se trouve séparée du ksar, elle n'est jamais placée que sur une éminence très proche. Du reste, un ksar un peu grand possède toujours plusieurs kasbahs tant intérieures qu'extérieures.

La plupart des ksour renferment une mosquée avec un minaret élevé qui sert pour les appels à la prière. En dépit du fouillis qui existe dans les ksour, les ruelles et les places publiques sont relativement propres. De fort nombreux endroits particuliers, espacés çà et là, remplacent ceux que les maisons ne possèdent pas.

Dans le Gourara et dans le Touat, les ksour sont généralement construits attenants aux palmiers et aux jardins; quelques-uns même sont construits au milieu. Dans le Tidikelt, au contraire, ils en sont éloignés de 500 à 600 mètres. Dans tous les cas, les jardins sont tous sillonnés par de hauts murs destinés à la protection et, au besoin, à la défense. Les chemins qui les parcourent sont fort resserrés et souvent coupés par de fréquentes traverses placées entre les murs, à une certaine hauteur, de manière à rendre impossible aux cavaliers l'accès des jardins.

VUE GÉNÉRALE D'UN KSAR.

VUE D'UNE KASBAH PROTÉGÉE PAR UN MUR.

Administration locale des oasis sahariennes.

Depuis notre installation dans les régions sahariennes, nous nous sommes efforcés de n'apporter que des modifications nécessaires, aussi bien aux divisions territoriales parfois fort embrouillées qu'aux administrations locales souvent sommaires, aux mœurs et aux coutumes.

L'administration locale de chaque oasis n'était pas partout identique du Tinerkouk à In Salah avant notre arrivée dans le pays. Elle variait selon que l'élément qui dominait dans le ksar était arabe ou berbère.

Dans les oasis soumises à l'influence arabe il n'existait aucun chef, aucune assemblée permanente pour commander. Dans les circonstances graves les gens les plus notables, les Kebar, se réunissaient pour délibérer sur la conduite à tenir, le parti à prendre et sur les moyens d'action. En temps ordinaire, l'autorité d'un personnage marquant se faisait seule sentir, mais non ouvertement.

Chez les Berbères, au contraire, l'autorité dirigeante n'était pas temporaire. Elle subsistait continuellement dans la djemàa ou réunion des hommes importants de la cité. Dans ces djemàas, composées d'individus les plus nobles et les plus influents tant par leur naissance et leur réputation maraboutique que par leur instruction et leurs richesses, il y avait égalité complète; et le chef de la djemâa, lorqu'il en existait un, n'avait aucune prépondérance sur les autres membres.

En général, le Gourara possédait des djemâas avec chef, le Touat des djemâas simples; quant au Tidikelt, il n'avait dans ses oasis aucune assemblée permanente.

Si nous devons mentionner la présence à Timimoun et à Adrar des pachas envoyés en 1892 par le sultan du Maroc dans les oasis sahariennes, plutôt à cause du respect religieux dont ils jouissaient que du commandement qu'ils ne possédaient pas, nous n'avons pas à nous occuper des caïds qui n'avaient reçu du sultan qu'une investiture purement honorifique.

A l'heure actuelle, afin de faciliter notre service de renseignements, et surtout afin d'assurer notre propre sécurité dans les oasis, nous avons désigné dans tous les ksour des répondants directs envers nous. Respectueux des traditions et des usages, nous avons choisi dans chaque oasis importante du Tidikelt dont les ksour n'avaient pas de djemâas permanentes, le plus notable des Kebar et le moins hostile à notre cause; et sans lui donner le titre de caïd, nous lui en avons octroyé les droits et le manteau. Dans le Touat, les djemâas sont restées telles quelles; mais tous leurs membres (kebar) sont responsables à notre égard. Dans le Gourara, nous avons investi des caïds pris autant que possible parmi les chefs de djemâas.

A côté de l'autorité dirigeante, kebar, djemâas, ou caïds, nous avons conservé les cadis, personnages très experts dans les litiges de droit et de justice, qui se partagent les oasis sahariennes. Les cadis les plus connus sont ceux de Ksar El Kebir (In Salah), de Sahela (Akabli), d'Adrar (Timmi), de Brinken (Tsabit) et de Timimoun (Gourara).

On rencontre, dans les régions sahariennes, certains employés nécessaires au fonctionnement des affaires courantes. Ces rouages de la vie usuelle existent au complet

REMPARTS D'UNE KASBAH PROTÉGÉE PAR UN FOSSÉ.

UNE DES PORTES D'ENTRÉE D'UN KSAR.

ou simplement en partie, selon l'importance des ksour. En principe, ils sont les suivants :

L'imam, chargé d'assurer le service du culte. C'est lui en outre qui enregistre tous les faits saillants qui intéressent la collectivité des habitants. De là le nom de chehede (témoin) qui lui est souvent octroyé ;

Le taleb (1) qui donne l'enseignement aux enfants. Les écoles se tiennent toujours à côté des mosquées. Les ksour importants ont autant de tolba que de mosquées. L'enseignement est tout religieux et roule uniquement sur les versets du Coran ;

Le kiel el ma, mesureur d'eau, dont le service minutieux consiste à répartir les eaux suivant les droits de chaque habitant-propriétaire. Cet employé ne se trouve que dans les oasis arrosées par des feggaguir ;

L'ouakaf, chargé du dar el dhiaf ou maison des hôtes. Il est d'usage, dans les pays musulmans, d'héberger pendant trois jours tout étranger riche ou pauvre qui se présente ; les dépenses de la dhifa (2) sont réparties, d'après un tour établi, entre les familles qui y participent selon leurs moyens ;

Le mouddin, qui annonce les heures de la prière du haut du minaret ou du haut d'une terrasse ;

Le berrah, crieur public, qui crie dans les rues les ordres des caïds, ou des djemâas, ou des kebar, les ventes, etc. ;

Le chaouch, gardien des prisonniers, chargé en même temps de la police intérieure et extérieure, courrier au besoin ;

Enfin le khodja, secrétaire-écrivain du caïd ou de la djemâa. Le cas échéant, le khodja est remplacé par un taleb quelconque.

---

(1) *Taleb*, homme savant. Au pluriel : *tolba*. Tout homme instruit est qualifié de taleb.

(2) *Dhifa*, hospitalité, et par extension : repas de l'hospitalité.

A l'exception du berrah et du chaouch et quelquefois même des tolba qui peuvent être Harratin (gens de couleur), tous les autres employés sont choisis parmi les blancs. Aucune fonction n'est remplie gratuitement. Des cadeaux forcés rétribuent les kebar, les caïds et les membres des djemâas ; des salaires fixes en nature sont donnés aux employés auxiliaires.

Dans le Gourara, un caïd étend son autorité sur plusieurs ksour, et a, comme représentants dans chacun d'eux, les kebar de l'endroit. La même chose a lieu dans le Tidikelt où un kebar commande un groupement d'oasis. Dans le Touat, les forts petits centres seuls ne possèdent pas de djemâa.

Religion.

Tous les ordres religieux de l'Islam sont représentés dans les régions du Gourara, du Touat et du Tidikelt. Les Djouad, les Harratin et même les Nègres observent également leur religion respective d'une façon absolue. Les zaouïat sont nombreuses, riches et fréquentées ; leurs écoles attirent beaucoup d'élèves. Les mosquées sont pleines les jours où les prières se font en commun. Les autres jours les indigènes remplissent leurs devoirs religieux soit dans les mosquées et dans les zaouïat, soit sur les places publiques ou dans les rues, soit chez eux sur les terrasses des maisons.

Tout croyant doit dire ses prières cinq fois par jour : au point du jour (prière du Fadjeur) ; à 1 heure après midi (prière du Dhohor) ; à 3 heures (prière de l'Aceur) ; au coucher du soleil (prière de Moghreb) ; et à 8 heures du soir (prière de l'Eucha). C'est du haut du minaret de la mosquée ou d'une terrasse élevée que le mouddin, fonctionnaire du culte, fait aux heures voulues des appels à la prière en un chant lent et excessivement puissant.

Soffs politiques.

Au point de vue politique les Djouad (1) des oasis sahariennes appartiennent à deux grands soffs : les Ihamed et les Soffian. « L'origine de ces partis, dit le commandant « Deporter, est déjà ancienne, mais indécise ; on naît « Ihamed ou Soffian et on se bat en conséquence. »

Avant notre installation dans le pays, ces soffs étaient de véritables ligues englobant des ksour entiers et même des groupements d'oasis. La division entre eux était profonde et absolue. Les Ihamed et les Soffian se regardaient en ennemis.

Les deux pachas détachés jadis par le sultan du Maroc à Adrar et à Timimoun appartenaient chacun à l'un de ces soffs. Le pacha du Timmi était Ihamed ; celui du Gourara était Soffian.

Au moment de la conquête des oasis, nous avons rencontré comme adversaires les Ihamed qui avaient reçu des instructions du pacha d'Adrar. Aussi avons-nous vu les

(1) *Djouad*, nobles. Les djouad comprennent, comme nous l'avons déjà vu, tous les hommes dits blancs, c'est-à-dire les Arabes, les Berbères et les Chorfa.

Soffian prendre complètement la politique opposée jusqu'au jour où les Ihamed vaincus devinrent les amis de la France. Alors changement complet ; ils ont agi et ont provoqué à leur tour, avec l'appui des Beraber qu'ils avaient été chercher au Maroc, les incidents de 1900-1901.

UNE RUE D'UN KSAR.

UNE BOUCHERIE.

Mœurs. — Habillement.

Alimentation.

Les hommes, fussent-ils Djouad, Harratin ou Nègres, passent leur vie dans les rues, sur les places publiques et dans les jardins. Tandis que les Harratin et les Nègres vaquent à leurs différents travaux, les Djouad vont et viennent avec nonchalance, ou, assis par groupes, se prélassent en égrainant les boules d'ambre ou de bois d'un chapelet. Les femmes restent dans les maisons et sur les terrasses. Elles ne se promènent jamais ; et si elles se hasardent au dehors, ce n'est que le matin ou le soir lorsqu'elles vont visiter leurs parents ou leurs amies. Elles se glissent alors dans les rues, d'un pas précipté et furtif, complètement voilées et le plus souvent accompagnées. Seules les Hartaniat et les Négresses sortent à certaines heures de la journée pour aller chercher de l'eau et quelquefois des légumes dans les jardins. Les négresses âgées et laides ont, comme privilège d'âge, celui de pouvoir filer la laine à la porte des maisons.

« Dans ces pays du soleil et de l'oisiveté, dit le com-
« mandant Deporter, où la vie s'écoule douce et facile, à
« l'ombre des palmiers, on doit s'attendre à voir l'amour

« tenir une grande place ; c'est ce qui a lieu en effet. Les « mœurs sont très relachées et elles sont favorisées par la « facilité du divorce, par l'agglomération des maisons et « par l'absence des chiens ! ! » Voilà, du reste, l'explication de la séquestration rigoureuse dont jouissent les femmes, séquestration qui, devons-nous ajouter, n'empêche pas les choses d'arriver ; car, même dans les oasis sahariennes, plus les difficultés pour satisfaire un caprice sont grandes, plus la femme est tentée et plus elle cherche à les vaincre. Les hommes aussi bien que les femmes sont ardents dans leurs passions ; mais tous les deux également se lassent vite, et éprouvent des désirs d'inconnu et des besoins de changement. Aussi de part et d'autre la fidélité est rare, les tromperies sont nombreuses et les divorces fréquents.

Les jeunes filles des oasis sahariennes sont formées et nubiles de bonne heure. Elles se marient fort jeunes, dès l'âge de onze ou douze ans. Elles se paient au prorata de leur beauté et do la richesse de l'épouseur; toutefois le prix ne doit pas être inférieur à trois francs. Aucun acte écrit ne certifie le mariage qui a seulement lieu devant deux kebar désignés de tout temps dans chaque ksar, et en présence des pères ou des représentants du fiancé et de la fiancée. Les kebar témoins se nomment cheoudh ou aoudoul. Les cérémonies et fêtes nuptiales varient suivant les castes, les races, et même selon les ksour ; en général, elles sont beaucoup plus compliquées chez les Zenata (Berbères). Les fiançailles sont ordinairement très courtes ; néanmoins un père peut fiancer sa fille dès son plus jeune âge. Les cheoudh sont également chargés d'assister aux divorces. Les enfants suivent le père ; mais s'ils sont jeunes et si la mère les réclame, ils doivent lui être laissés, aux frais du père, jusque vers l'âge de sept ans. L'argent, les cadeaux et les autres objets donnés par l'homme au moment du mariage ne sont pas rendus en principe ; ils le sont souvent en réalité afin de hâter le dénouement et pour détruire complètement tous les liens qui ont uni un jour deux êtres qui ne sympathisent plus ensemble.

La polygamie, reconnue par les mœurs qui autorisent chaque homme à posséder sous son toit quatre femmes légitimes et autant de concubines-servantes qu'il peut en nourrir, n'est pas très en faveur auprès des indigènes des oasis qui, fidèles à leur manière de vivre, craignent de voir leur tranquillité troublée par des querelles intestines de femmes. Les rares possesseurs de plusieurs femmes légitimes ont soin de les séparer et de les laisser, sauf une, chez leurs parents. Ordinairement les indigènes polygames sont ceux qui, ayant l'habitude de voyager dans les oasis, entretiennent dans certains ksour des femmes légitimes qu'ils rencontrent de temps en temps.

L'habillement des hommes varie selon les régions, et même suivant les conditions sociales. Nous laisserons de côté les Harratin et les Nègres plutôt mal vêtus avec des pantalons et des chemises en loques, pour ne parler que des blancs.

Dans le Gourara et dans le Touat, l'usage est de porter un large pantalon blanc, sorte de culotte bouffante et rétrécie au-dessus de la cheville, dessous une gandoura (1) en laine ou en cotonnade recouverte elle-même par un ksa (2), par un haouli ou par un burnous blanc. Comme coiffure, l'extrémité du ksa ou de l'haouli posée sur la tête même, parfois une chéchia, rarement le chèche (3). Comme chaussures, rien ou des bolghas (4).

(1) *Gandoura*, chemise arabe très ample, avec de larges manches s'arrêtant aux coudes.

(2) *Ksa* et *haouli*, longues pièces de tissu en laine ou en coton. Le ksa sert de vêtement aussi bien aux femmes qu'aux hommes. Ces derniers seuls portent l'haouli. Il n'y a que les indigènes d'origine arabe qui se revêtent du burnous.

(3) *Chèche*, morceau de toile fine, de longueur variable, qui sert à se couvrir la tête soit par-dessus une chéchia, soit directement en turban.

(4) *Bolghas*, savates sans talons.

Dans le Tidikelt, le pantalon est presque toujours bleu; la gandoura est rarement en laine, mais en toile (1) blanche ou bleue et ordinairement sans manches; le ksa et l'haouli seuls se portent, le burnous n'existe pas. Les hommes qui ne se couvrent pas la tête avec le ksa conservent le sommet du crâne nu; dans ce cas, ils se préservent le front et la nuque avec un chèche blanc ou bleu qui enserre également le bas de la figure. De simples semelles non recouvertes ou des bolghas constituent les deux genres de chaussures.

La garde-robe féminine est d'une simplicité économique: elle consiste uniquement soit en un ksa blanc ou bleu, soit en une longue pièce de cotonnade blanche nommée izar. Les femmes s'enroulent dedans en commençant en avant et à gauche, sans se serrer. Elles relient au-dessus des épaules, avec de grosses épingles, les bords supérieurs de l'étoffe qui, passant sous les aisselles, revient au point de départ. Elles conservent donc les bras nus. L'étoffe fait une seconde fois le tour du corps et vient finir en voile au-dessus de la tête. Il suffit d'enlever l'épingle de l'épaule gauche pour laisser tomber à terre le vêtement entier. Lorsqu'elles n'ont pas les pieds nus, les femmes portent comme chaussures des bolghas rouges ou jaunes.

Les femmes mariées se distinguent par une bande très étroite d'étoffe bleue, qui, attachée dans les cheveux, part de la nuque pour finir au sommet du front. Cette bande se nomme biata. Les jeunes filles conservent l'épaule droite entièrement nue; leur vêtement, au lieu d'être épinglé sur les deux épaules, ne l'est que sur l'épaule gauche.

Les vêtements des hommes sont rarement nettoyés et lavés; ceux des femmes également. Ils ne sont changés qu'à la dernière extrémité, lorsque leur état de saleté, de vétusté et de délabrement oblige à le faire. Aussi, si la

(1) Dans toute l'étendue des oasis sahariennes, la toile est toujours un tissu de coton. Les tissus de fil ne sont jamais employés, car ils se coupent de suite.

JEUNES FILLES HARTANIAT.

JEUNE HARTANIA SUR LA TERRASSE DE SA MAISON.

puce est inconnue dans les oasis sahariennes, le pou ne l'est guère. Il n'y a aucune honte à en posséder quelques-uns.

Les enfants qui ne sont pas nus sont couverts de haillons et de vermine. Sur la tête, aucune coiffure, mais souvent la teigne.

Les femmes ne sont pas exemptes de coquetterie et adorent les forts parfums, surtout la fumée d'encens, dont elles imprègnent leurs vêtements. Elles se font de grands yeux et de longs sourcils avec du köhl, et prennent un soin particulier de leur chevelure qu'elles enduisent de beurre fondu ou d'huile parfumée au musc et à la girofle. Elles tressent leurs cheveux en une infinité de petites nattes séparées par autant de petites raies bien faites et pendantes autour de la tête et sans dépasser la naissance supérieure du cou. Sur la tête, près du front, elles placent la cherka, bandeau très étroit sur lequel sont fixées des pièces en cuivre ou en argent, des morceaux de corail, des coquillages ou autres menus objets en métal. A hauteur des oreilles, elles attachent à des nattes de cheveux de grands anneaux nommés khores auxquels est suspendu un fouillis bizarre de boutons en cuivre, de pièces de monnaie, de coquillages, de verroterie, de bouts de corail et d'ambre. Les khores reviennent en avant des oreilles et font suite à la cherka. Des amulettes en cornaline, disposées dans les cheveux de chaque côté de la tête, en complètent l'ornement.

Les femmes se parent volontiers le cou de colliers en verroterie et en corail. Aux bras, aux poignets et au-dessus des coudes elles portent des megouas, bracelets en argent, en cuivre, en verre durci, en perles ou en terre noire; aux jambes (au-dessus des chevilles) elles ont également plusieurs bracelets en argent ou en cuivre, que l'on appelle khelkhals. Elles adorent les bagues, khatems. Les khrelals (1) ou épingles plates et larges soit en argent, soit en

(1) Afin de faciliter la lecture, nous avons mis au pluriel français les

cuivre, qui attachent leurs vêtements aux épaules, au-dessus des seins, sont reliées entre elles par une grosse chaîne de métal souvent pourvue d'amulettes. Tous ces objets sont de peu de valeur et d'un travail grossier. Dans le Gourara, les objets en cuivre dominent ; dans le Touat, le cuivre, le corail et les coquillages sont en égale faveur ; dans le Tidikelt, la verroterie et les coquillages, produits qui arrivent par les caravanes du Soudan, sont portés à l'exclusion du corail et du cuivre dont les prix de revient sont assez élevés.

Les hommes ont presque tous un gros cercle en cuivre nommé holga qui, attaché à une cordelette ou fixé à l'une des extrémités de l'haouli au moyen d'une sorte de mouchoir prenant au-dessus de l'épaule gauche, pend sur la poitrine à hauteur de ceinture. Ils attachent à cet anneau leurs couteaux, leurs clefs de porte, des pinces pour enlever les épines, et même des amulettes. En outre ils portent souvent, suspendu au cou par une mince corde en cuir ou en laine, un long et plat porte-monnaie en cuir filali, à tiroirs, que l'on appelle grab.

Le principal aliment, pour le riche comme pour le pauvre, est la datte. La datte remplace le pain ; elle remplace la viande, les légumes ; en un mot elle remplace tout. Afin de combattre les principes échauffants de la datte, les habitants des oasis sahariennes boivent du lait aigre (leben), du moins lorsqu'ils peuvent le faire ; dans le cas contraire ils se contentent d'eau. Le vin, l'alcool, les boissons fermentées ou non, sont complètement ignorées. De temps en temps les Djouad mangent un couscous (1) avec de la

---

singuliers des noms arabes. Régulièrement : *bolgha*, *mégouas*, *khelkhal*, *khatem*, *khre'al*, etc., font au pluriel arabe : *belogh*, *megais*, *khlakhel*, *khouatem*, *khelail*, etc. Nous avons fait de même pour les mots *dokhali ksa* et *haouli*, cités plus haut.

(1) *Couscous*, mets arabe fait avec de la farine de blé roulée en grains. Le couscous se prépare d'une façon spéciale avec de la viande, des légumes et beaucoup d'épices.

viande, ce qui arrive rarement aux Harratin et presque jamais aux Nègres. Quelques légumes et quelques fruits viennent, à certaines époques de l'année, s'ajouter comme aliments aux dattes.

Les ustensiles de cuisine très primitifs consistent en un petit nombre de récipients en bois, en cuivre et en poterie. Les assiettes sont inconnues; chacun puise dans le plat avec ses mains ou quelquefois avec des cuillères en bois. Tout le monde boit dans le même vase. On aperçoit de temps en temps des objets en fer-blanc ou en porcelaine apportés par les caravanes. Les négresses des ksour vont chercher l'eau dans de grosses cruches appelées gellas. Les guerbas (1) sont peu employées.

Dans ces régions, où les habitants sont indifférents et paresseux, tout dans l'existence se borne donc au strict nécessaire.

L'installation des maisons ne fait pas tache sur le reste par le confortable. Aucun meuble. Ce sont de simples lieux couverts qui abritent les hommes des intempéries des saisons, et les femmes des regards indiscrets. Les gens couchent sur le sol nu, enveloppés dans leurs vêtements, et ils ne se déshabillent jamais. Lorsque le terrain habité est trop dur, ils étendent dans les chambres une couche de sable ; pendant la saison froide, ils s'enroulent en plus dans des dokhalis (2), si toutefois ils en possèdent.

---

(1) *Guerba*, outre goudronnée intérieurement pour conserver la peau et la rendre moins poreuse.

(2) *Dokhalis*, couvertures rayées en laine.

Arts libéraux. — Musique.
Sentiments artistiques.

Les démarcations bien tranchées qui existent dans la vie courante entre les Djouad, les Harratin et les Nègres, se rencontrent même dans l'art de la musique et dans celui de la danse.

Aux Djouad, le spectacle des divertissements musicaux et chorégraphiques (1); aux Harratin, la gesba ou flûte, le gombi ou violon à une corde, le zmamer, sorte de clarinette en roseau, et le guellal ou tambourin; aux Nègres, les instruments moins délicats et pour ainsi dire de plus basse condition, instruments bruyants et tapageurs tels que : le gengan et le tébel, tambours de formes spéciales; les karkabos qui sont de grosses et longues castagnettes en fer. Autant les chants des Harratin sont calmes, traînants et indolents, avec soutien discret de battements de mains; autant la musique des Nègres est agitée, tumultueuse et étourdissante. Toute musique est toujours accompagnée de danses fort bien réglées, et souvent très lascives,

---

(1) Néanmoins, dans les fêtes intimes, les Djouad se départissent de leur dignité et prennent souvent une part active à la musique et à la danse.

chez les Harratin comme chez les Nègres, qui recherchent toutes les occasions de se réunir (chacun de leur côté), de danser et de chanter.

Les indigènes des oasis sahariennes ne possèdent aucuns sentiments artistiques. Pour ces gens dont l'existence est purement matérielle, la réalité seule existe. Ils vivent sans voir, sans comprendre ce qui les entoure et sans chercher à comprendre. Les bijoux en argent ou en cuivre que font les maallems (1), manquent de goût; leurs uniques ornements consistent en des lignes gravées qui se coupent, se recoupent et forment des carrés plus ou moins réguliers. Les rares objets en fer tels que : clefs, chougrats (2), sont d'un travail grossier.

Le dessin et tout ce qui s'y rattache est totalement inconnu dans ce pays dont les habitants regardent parfois les photographies à l'envers et distinguent difficilement dans un portrait les pieds des mains et la tête d'une autre partie du corps.

(1) *Maallem*, littéralement : celui qui sait. Il y a le maallem pour le fer, le maallem pour le bois et même le maallem pour les maisons, etc. Le pluriel régulier de maallem serait *mouallim*.

(2) *Chougrat*, tige de fer de 30 cent. environ, dont l'une des extrémités se termine par une griffe recourbée et l'autre par un manche en bois. Le chougrat sert à gratter le méhari en dessous et en arrière de l'épaule, pour activer sa marche.

FEMME HARTANIA.

Commerce.

Importations et exportations.

Les deux facteurs importants du commerce, l'argent et les productions, font presque défaut dans les oasis sahariennes. Aussi les importations et les exportations sont-elles plutôt faibles !

Chaque année des caravanes étrangères importent au Gourara, au Touat et au Tidikelt, des céréales, des denrées alimentaires, des produits manufacturés, de la laine, des cotonnades, des moutons, et exportent en échange des dattes et du henné.

Tandis que les ksour du Gourara et du Touat sont fréquentés par les Châamba (1) de la province d'Alger, par quelques Marocains et par les Ouled Sidi Cheikh, les Hamyan et les Trafi de la province d'Oran, les marchés du Tidikelt sont alimentés par les Châamba et par les Touareg. En outre, de temps en temps, des caravanes dites akabar, formées par les indigènes des oasis sahariennes se réunissent à Akabli ou aux environs et partent de là pour Tombouctou, pour le Hoggar, pour Ghat et

(1) *Châamba;* au singulier, *Châambi.*

Ghadamès, d'où elles rapportent entre autres choses des nègres et des cotonnades brillantes du Soudan.

Les principales voies de communication suivies par les caravanes sont : la vallée de l'oued Meguiden, les vallées de l'oued Sguir et de l'oued Namous dans l'Erg, la vallée de l'oued Saoura, les medjbeds (1) d'Akabli à Tombouctou par le Tanezrouf et par l'Adrar, les medjbeds du Hoggar et la vallée de l'oued Mya.

---

(1) On appelle *medjbed*, les traces laissées par le passage de gens ou d'animaux. Les medjbeds très marqués sont l'indice d'une direction bien déterminée et habituellement suivie.

TYPE DE NÉGRESSE.

DEUXIÈME PARTIE

Occupation du sud et de l'extrême-sud algérien depuis 1880.

La marche en avant dans le sud et l'extrême-sud algérien devait nécessairement amener l'occupation des oasis sahariennes. La pénétration dans le Sahara peut, d'après les événements, être divisée, à dater de 1880, en trois périodes bien distinctes, ayant chacune un bond en avant suivi d'une organisation faite sous la protection des postes militaires. Les deux premières périodes sont décennales et vont de 1880 à 1890 et de 1890 à 1900. La troisième, qui commence en 1900, finira le jour où nous ferons un quatrième et dernier bond en avant pour relier les oasis sahariennes avec le Soudan.

La tranquillité qui régnait dans tout le sud algérien en 1880 allait bientôt être interrompue par de graves événements. En 1881, tandis que nous guerroyions en Tunisie, Bou Amama Mohamed El Arbi fomentait une insurrection dans le sud oranais. Nos colonnes expéditionnaires durent s'avancer jusqu'aux oasis du Figuig où eut lieu un combat avec les habitants en 1882. L'un des résultats de cette campagne fut notre installation plus méridionale qu'auparavant, par la création, en 1881, du poste d'Aïn Sefra. La province d'Alger ne pouvait rester en arrière. En novembre

1882, une colonne, partie de Laghouat sous les ordres du général de la Tour d'Auvergne arrivait à Ghardaïa, et le M'Zab était annexé à la France le 30 novembre de cette année. A la même époque, l'oasis de Ouargla était aussi définitivement occupée. Pendant ce temps, dans le sud constantinois, nos troupes s'avançaient pour protéger notre territoire contre des bandes de pillards. L'oasis de Tuggurth était réoccupée en 1882, et nous nous installions dans l'oued Souf par l'occupation permanente de Debilah puis par celle d'El Oued (1882).

A la suite de ces opérations militaires, succédait une période calme de huit années, dont les faits les plus importants furent : la soumission de la puissante et turbulente tribu des Ouled Sidi Cheikh Cheraga en 1883, et les prolongements des lignes des chemins de fer oranais et constantinois jusqu'à Aïn Sefra (1887) et jusqu'à Biskra (1888).

Le 5 août 1890, la convention franco-anglaise était signée. Elle délimitait notre zone d'influence en Afrique, et nous n'avions plus qu'à prendre possession des territoires dont nous étions virtuellement les maîtres. Le second bond commençait alors dans la province d'Alger par l'occupation permanente d'El Goléa en 1891, suivie peu après par la construction des postes avancés : Hassi (1), Inifel en 1892, Hassi El Homeur ou Fort Mac-Mahon en 1893-94, Hassi Chebbaba ou Fort Miribel en 1893-94. De 1892 à 1894, la province de Constantine augmentait également son territoire de l'extrême-sud par la création des postes de Berresof, d'Hassi Mey et d'Hassi bel Heiranne ou Fort Lallemand. Dans la province d'Oran, nos troupes ne restaient pas inactives et, après avoir pris possession de El Abiodh Sidi Cheikh, elles venaient s'établir en 1895 à Djenien bou Rezg.

---

(1) *Hassi*, puits.

JEUNES ENFANTS « DJOUAD »

Même à l'époque où nous occupions les points avancés de l'extrême-sud algérien, aux confins des oasis sahariennes, nous ne connaissions cette région voisine que d'après des renseignements recueillis par nos officiers placés aux avant-postes. Ces renseignements provenaient tous de récits indigènes fournis surtout, soit par des Ouled Sidi Cheikh et des Châamba, soit par des habitants du Gourara, du Touat et du Tidikelt venus en caravanes, soit par des émissaires à notre solde, soit même par quelques prisonniers Touareg faits en 1887 près de Sidi Abd El Haken (Hassi Inifel) par les Châamba-Mouadhi. Les explorations ayant pour but spécial le parcours des oasis sahariennes avaient toutes eu, sauf celle de Rohlfs en 1864, une issue malheureuse. En 1826, le major autrichien Laing qui avait atteint In Salah, venant de Ghadamès, avait été tué; en 1885, le lieutenant de cavalerie Marcel Palat avait été assassiné à l'est d'Adrar vers Ilatou, après àvoir, partant d'El Goléa, traversé une partie des oasis; en 1889, Camille Douls qui reprenait l'itinéraire de Rohlfs dans le Touat, trouvait la mort aux environs d'Akabli. Malheureusement, Gerhard Rohlfs qui, en 1864, quittait le Maroc, descendait la vallée de l'oued Saoura, parcourait le Touat et le Tidikelt, pour rentrer par Ghadamès et Tripoli, ne pouvait donner que des détails insignifiants, ayant été constamment obligé, pour accomplir son voyage avec succès, de se cacher lorsqu'il prenait des notes.

Les renseignements de sources indigènes subissaient forcément le contre-coup du caractère un peu primitif de ceux qui les donnaient et partant étaient fort exagérés. La richesse des oasis sahariennes, la grande quantité de leurs palmiers, l'importance de leurs ksour, le nombre imposant de leurs guerriers n'étaient presque pas mis en doute. Ainsi, nous voyons le commandant Deporter s'en faire l'écho en 1890 dans ses ouvrages et dans ses conférences. Néanmoins, quelques années avant la conquête des oasis, à la suite des reconnaissances et des explorations militaires et civiles entreprises, sous la protection de nos postes de plus en plus extrêmes, pour étudier les voies de communication, les renseignements recueillis plus près du pays étaient en même temps plus proches de la réalité. Aussi notre déconvenue, lors de notre entrée dans les oasis sahariennes, fut-elle beaucoup moins forte.

Conquête des oasis sahariennes.

Des événements non prévus, qui auraient dû l'être, mais qui ne le furent pas, consciemment ou non, devaient précipiter le troisième bond en avant, et amener la prise de possession des oasis sahariennes. La mission savante et pacifique de M. Flamand, chargé par les ministres de l'instruction publique et des colonies d'étudier le pays depuis le Tadmaït jusqu'au Mouydir et de reconnaître les routes sur Tombouctou, devait se terminer brusquement le 28 décembre 1899 devant Igosten où elle était attaquée, et céder la place à l'action militaire. Du reste, depuis 1890, la question du Touat avait pris de plus en plus de l'importance, et l'occupation des oasis sahariennes avait été décidée en principe. En 1892, peu de temps après notre installation dans l'extrême-sud de la province d'Alger, le gouverneur général, M. Cambon, était venu lui-même visiter El Goléa. En 1894, plusieurs colonnes expéditionnaires avaient été en voie de formation; de gros approvisionnements avaient déjà été concentrés à El Goléa; mais tout avait été subitement arrêté. En 1895, des troupes sahariennes (spahis à méhari et tirailleurs) avaient été créées.

La mission civile Flamand, escortée du goum de Ouargla, sous les ordres du capitaine Pein, et soutenue à distance par l'escadron de spahis sahariens, rencontrait, le 28 décembre 1899, entre Foggaret el Kebira et Igosten, 1200 ksouriens environ, conduits par El Hadj El Mahdi Badjouda des Ouled Ba Hamou, l'un des Kebar le plus écouté des oasis d'In Salah. L'ennemi était violemment repoussé et fuyait après avoir eu une cinquantaine de tués et plus de soixante blessés, dont Bajouda qui mourut peu après des suites de sa blessure. Les spahis sahariens rejoignaient aussitôt la mission qui, du reste, avait pris fin dès les premiers coups de fusil. Dans la journée du 28, M. Flamand déclarait devant les officiers réunis que sa mission pacifique était terminée et qu'il se plaçait sous la protection des spahis sahariens et du goum.

Ksar El Kebir, l'un des plus grands ksour des oasis d'In Salah, était occupé par nos troupes le lendemain 29 décembre. Ce même jour, à 2 h. 30 de l'après-midi, l'étendard de la mission, aux couleurs nationales, était planté sur la kasbah des Ouled Badjouda, pendant que les trompettes de l'escadron de spahis sahariens sonnaient à l'étendard.

Le 5 janvier 1900 avait lieu le combat de Deghamcha qui amenait la soumission du groupe entier des oasis d'In Salah. Les pertes de l'ennemi avaient été très fortes : 150 tués, 200 blessés environ, 14 prisonniers dont le fils du cadi d'In Salah, Si Abderrhaman, et un étendard pris. De notre côté nous avions 1 spahi saharien tué et quelques blessés.

Le lendemain du jour où la nouvelle de l'occupation des oasis d'In Salah fut connue à El Goléa puis à Alger, le 7 janvier 1900, le commandant Baumgarten partait d'El Goléa pour le Tidikelt avec 200 hommes de renfort. Arrivé à Ksar El Kebir, après une marche rapide de 11 jours, il prenait le commandement de la colonne dite des oasis du Sud. Le 19 janvier, en réponse à la proclamation que nous avons citée en tête de cet ouvrage, il recevait la soumission des Kebar d'In Salah, dans les termes suivants :

TOMBE D'UN PERSONNAGE RELIGIEUX.

« A l'Excellence, au Magnifique Monsieur le Commandant en chef d'In Salah, Tidikelt.

Que le Salut soit sur vous.

Votre venue parmi nous nous comble de joie. Votre équité est chose évidente pour nous. Ce qui a eu lieu entre les vôtres et nous était chose décrétée par Dieu, et à sa connaissance depuis longtemps. Nul ne peut modifier les arrêts de Dieu. Actuellement nous rendons grâce à l'Être Suprême de ce que nous puissions nous repentir d'avoir été cause des récents événements.

Antérieurement nous avions entendu louer votre amour du bien et votre pitié pour les malheureux. On nous avait vanté les efforts que vous faisiez dans le but d'assurer la prospérité du commerce. On nous avait dit que vous réprouviez l'infamie et récompensiez ceux qui faisaient le bien. Aussi, nous tous, Notables d'In Salah, nous n'avons point craint d'entrer en relations avec les autorités françaises ; et, alors que la généralité des habitants des ksour fuyait, nous sommes demeurés parmi vous.

M. le Capitaine vous dira que, du jour où il s'est établi dans le ksar, nous nous sommes montrés soumis et obéissants. Matin et soir nous nous rendions auprès de lui.

Si Abd En Nebi ben Seddick, mokadden (1) des Tidjania, après chaque voyage qu'il faisait à la zaouïa d'Aïn Mahdi, nous faisait connaître votre manière d'être à l'égard des indigènes de l'Algérie, et nous informait du souci que vous aviez d'assurer leur bien-être. La courtoise réception que vous nous ménageâtes lors de notre première rencontre corrobore ses dires.

Que Dieu bénisse votre autorité pour la plus grande prospérité de notre pays et le bien-être des malheureux. »

---

(1) *Mokadden*. Le mokadden est le représentant direct du marabout ou personnage religieux qui réside à l'endroit où se trouve le tombeau du saint fondateur de l'ordre. Le mokadden reçoit les aumônes et préside aux cérémonies religieuses.

La plupart des vaincus de Deghamcha s'étaient enfuis dans l'oasis d'In Rar où ils avaient trouvé bon accueil. Le nombre des combattants avait même été considérablement augmenté par des gens accourus du Tidikelt et du Touat et par quelques Touareg propriétaires dans le pays. Les spahis sahariens envoyés en reconnaissance d'In Salah sur In Rar signalaient la résistance et étaient aussitôt rejoints par le restant de la colonne des oasis du Sud qui était obligée de revenir en arrière à In Salah, faute de canons, après quelques tiraillements échangés dans les journées des 23, 24 et 25 janvier. 1 officier et 5 ou 6 tirailleurs sahariens avaient été blessés.

L'artillerie demandée et redemandée par le commandant Baumgarten arrivait enfin au Tidikelt avec un nouveau renfort de 500 hommes sous les ordres du lieutenant-colonel d'Eu qui, à la tête de la colonne entière, reprenait la marche sur In Rar. Dans l'intervalle, les combattants de cette oasis avaient encore été renforcés par les gens amenés par le pacha du Timmi. Le siège était mis, le 18 mars 1900, devant Ksar Lekhal l'un des centres de la défense; l'assaut en était donné le 19 au matin et, à 1 heure de l'après-midi, El Driss ben Naïmi, pacha du Timmi, faisait sa reddition personnelle au lieutenant-colonel d'Eu. Dans la soirée, tous ceux qui n'avaient pu fuir mettaient bas les armes. Les pertes ennemies étaient considérables, plus de 600 tués; les nôtres, assez importantes, une dizaine de tués et plusieurs blessés.

Les oasis de Tit, d'Akabli et de l'Aoulef étaient aussitôt après occupées sans la moindre résistance, les 21, 22 et 27 mars, par les spahis sahariens et les goumiers chargés du service d'exploration, puis par la colonne entière du Tidikelt.

Le mois suivant, le colonel d'Eu, qui avait vainement sollicité l'autorisation de remonter la vallée de l'oued Saoura afin d'opérer avec sa colonne la soumission des oasis du Touat et du Gourara dont les habitants venaient d'être, d'après les renseignements, terrorisés par les défaites de Deghamcha et d'In Rar, recevait l'ordre de rapatrier ses troupes à El Goléa par la route du Tadmaït, après avoir laissé dans les oasis du Tidikelt des garnisons de spahis et de tirailleurs sahariens.

L'occupation du Gourara, conséquence forcée de celle du Tidikelt, était faite néanmoins peu après par une colonne de plus de 1000 hommes sous les ordres du colonel Ménestrel, qui ne rencontrait aucune résistance et qui prenait possession de Timimoun le 25 mai 1900.

Aux mois de juin, de juillet et d'août suivants (du 23 juin au 8 août) le général de division Servière, envoyé pour inspecter les troupes du Tidikelt, entreprenait avec sa nombreuse escorte ce qui avait été refusé au colonel d'Eu, et remontait toute l'enfilade des oasis du Tidikelt, du Touat et du Gourara dont il recevait, à son passage, les soumissions sans coup férir.

La conquête des oasis sahariennes était donc à cette époque un fait accompli ; mais l'occupation des ksour était mal assise, comme le démontraient bientôt les événements. Nos troupes tenaient seulement en partie le Tidikelt et le Gourara ; le Touat et par conséquent la vallée de l'oued Saoura n'étaient pas surveillés. Adrar, le ksar le plus important du Timmi et en même temps la véritable capitale du Touat par suite du séjour récent du pacha El Driss ben Naïmi, le vaincu d'In Rar, ne possédait encore aucune garnison. En outre, dans la province d'Oran, seule l'oasis d'Igli était occupée depuis le 25 avril 1900 par la colonne du colonel Bertrand qui, d'après les ordres reçus, ne dépassait pas la frontière de la Zousfana. Le ksar de Beni Abbès, à 150 kilomètres plus au sud dans la vallée de l'oued Saoura, point bien mieux placé pour surveiller les incursions des Beraber, gens essentiellement pillards et guerroyeurs, qui pouvaient descendre du sud du Maroc, n'était conquis que le 3 mars 1901 par les troupes du général Risbourg.

Le 29 août 1900, une petite colonne partie de Timimoun contre l'oasis de Métarfa, livrait un premier engagement avec les habitants qui refusaient l'entrée du ksar. Le surlendemain, une forte reconnaissance rencontrait, non loin de l'oasis, des Beraber venus du Tafilelt à l'instigation des Soffian de Zaouïet Kounta et de Bouda. Un violent combat avait lieu ; plusieurs Beraber étaient tués, mais nos pertes étaient assez fortes : le lieutenant Depardieu des tirailleurs sahariens et quelques hommes étaient tués, plusieurs étaient blessés. Le 5 septembre suivant, après l'arrivée d'une colonne de secours envoyée de Timimoun, un troisième combat se livrait sous les murs de Métarfa contre les Ksouriens et les Beraber réunis. La colonne française était obligée de se replier en présence du grand nombre d'ennemis. Le capitaine Jacques, des tirailleurs sahariens, était tué; un autre officier était blessé. Nous avions en outre une dizaine de tués et de nombreux blessés.

En 1901, le général Servière profitait des mouvements de troupes de relève pour revisiter les oasis sahariennes. Le 26 janvier, il se trouvait à Timimoun (Gourara), le 3 février, aux Ouled Rached, à 12 kilomètres de Métarfa, dont les Kebar amenaient, en signe de soumission, le cheval dit de gada; le 10 février, à Adrar (Touat), où il installait la nouvelle garnison.

Le 18 février 1901, à 4 heures du matin, avait lieu la surprise de Timimoun par les Beraber qui se ruaient sur la kasbah occupée par les troupes françaises. Après un violent combat dans l'enceinte même des murs, les Beraber repoussés s'enfuyaient et laissaient sur place plus de cent morts. De notre côté, le capitaine Quizard, des tirailleurs algériens, et l'officier d'administration Juncker, étaient tués en même temps que quelques hommes. Deux officiers et plusieurs hommes étaient en outre blessés.

Le général Servière, en marche dans le Touat, arrêtait aussitôt la descente dans le Sud et faisait demi-tour avec sa colonne, à Tamentit, le 22 février. Le 28, il se trouvait

TYPE D'UN KSAR ISOLÉ.

TYPE D'UN KSAR ATTENANT A DES JARDINS.

en face de l'oasis de Charouin (Gourara), où les Beraber s'étaient réfugiés. Des coups de fusil étaient échangés en avant des jardins de l'oasis avec les habitants de Charouin et les Beraber réunis. Il y avait de part et d'autre des tués et des blessés ; de notre côté trois officiers étaient blessés. Quelques coups de canon étaient tirés sur le minaret du ksar. Le 2 mars, les Beraber quittaient Charouin vers 7 heures du soir et prenaient la direction de l'Erg.

A 10 h. 30, une colonne légère formée avec le goum de Ouargla, les spahis sahariens et les tirailleurs sahariens, était lancée à leur poursuite. Les Beraber, rejoints le 3 mars à 6 heures du matin dans les dunes d'El Hamira, faisaient face après avoir eu le temps de choisir de fortes positions défensives. Ils subissaient de grandes pertes ; mais les nôtres n'étaient pas moindres. Le capitaine Ramillon, des tirailleurs sahariens, et le lieutenant de la Hellerie, des spahis sahariens, étaient tués ; trois autres officiers étaient blessés ainsi qu'une soixantaine d'hommes ; nous laissions, en outre, sur le terrain du combat, plus de vingt morts. La colonne légère rejoignait aussitôt le camp de Charouin.

Le général Servière, après avoir reçu le 4 mars la soumission des indigènes de Charouin, conduisait ses troupes du côté de l'Erg et suivait pendant quelque temps les traces des Beraber. Le 9 mars, la colonne arrivait devant l'oasis de Talmin dont les habitants avaient quelque peu secondé les Beraber dans leur dernier coup de main contre Timimoun. A la suite d'une fusillade qui causait la mort d'une dizaine de ksouriens, les Kebar de Talmin et des ksour voisins (Nama, Seghia, etc.) venaient, le 10 au matin, demander l'aman (1) au général.

Le 13 mars 1901, la colonne reprenait la direction de Charouin, où avait lieu, le 16, une première dislocation. Une partie des troupes remontait vers le Nord par Timi-

(1) *Aman*, paix. Demander l'aman, c'est faire sa soumission aux conditions du vainqueur.

moun et la vallée de l'oued Meguiden, tandis que le restant, composé surtout d'effectifs sahariens, redescendait avec le général Servière les oasis du Gourara et du Touat jusqu'à Sali. Là, le colonel Cauchemez continuait seul la marche sur le Tidikelt; il faisait occuper l'Aoulef où il laissait une compagnie de tirailleurs sahariens, et amenait à In-Salah les troupes de relève. Pendant ce temps, le général Servière, avec une escorte de goumiers et de sahariens, retraversait le Touat et rentrait à Alger par la vallée de l'oued Saoura et la province d'Oran. Le 15 avril 1901, il quittait, à Csabi, le territoire des oasis sahariennes.

Depuis cette époque aucun fait saillant, aucune attaque, aucun acte de rébellion ou d'insoumission ne se sont produits dans les oasis. Il n'en a pas été de même à proximité de la région. De nombreux petits rezzous (1) de Touareg et des djichs de Beraber ont été signalés à chaque instant. L'un d'entre eux a même nécessité notre intervention. A la suite de plusieurs attaques successives par des Touareg contre des caravaniers amis, les cavaliers du maghzen d'In-Salah et les goumiers du Tidikelt, soutenus à distance par les spahis sahariens, se sont avancés au loin dans le Hoggar, en avril-mai 1902. Ils ont infligé, à Idelès et à Arrem Tit, une sanglante défaite aux Touareg réunis qui ont eu plus de 90 tués.

Le calme qui règne dans les oasis sahariennes ne doit donc pas émousser notre vigilance; car nous ne devons pas perdre de vue que, si les populations des ksour sahariens sont tranquilles, nous avons encore à redouter de grandes incursions de la part des Beraber au Nord et des Touareg au Sud.

---

(1) *Rezzou*, coup de main, incursion, attaque par une bande armée. Ce mot s'emploie lorsqu'il s'agit des Touareg. Pour les Beraber, l'on emploie les mots *arkha* ou *djich*, selon que l'incursion est faite par une bande nombreuse ou faible.

PAYSAGE SAHARIEN.

UNE ÉCOLE.

TROISIÈME PARTIE

Occupation militaire du Gourara, du Touat et du Tidikelt, en 1902.

La décision ministérielle du 1er septembre 1902, faisant suite à la loi du 30 mars et au décret du 1er avril de la même année, a sensiblement modifié la situation militaire qui existait depuis avril 1901 dans les oasis sahariennes.

Jusqu'alors (1) les troupes d'occupation étaient composées et réparties de la façon suivante :

Dans le Gourara, à Timimoun :

- Le service des affaires indigènes avec un maghzen (2) et un détachement de spahis sahariens montés à méhari ;
- Une demi-compagnie de tirailleurs algériens ;
- Un détachement du bataillon d'Afrique ;
- Un détachement d'artillerie avec deux pièces ;
- Des services auxiliaires (hôpital, administration, télégraphie).

---

(1) A la date du 1er juillet 1902.

(2) Le *maghzen* est une réunion de cavaliers, montés à cheval ou à méhari, pris dans le pays et militarisés, mais liés par aucun engagement.

Dans le Touat, à Adrar (Timmi) :

Le commandant supérieur des oasis sahariennes ;
Le service des affaires indigènes avec un maghzen et des spahis sahariens ;
Une compagnie de tirailleurs sahariens ;
Un détachement du bataillon d'Afrique ;
Un détachement d'artillerie avec deux pièces ;
Des services auxiliaires (hôpital, administration).

Dans le Tidikelt, à Ksar Djedid (Aoulef) :

Une compagnie de tirailleurs sahariens.

Dans le Tidikelt, à Ksar El Kebir (In Salah) :

Le service des affaires indigènes avec un maghzen de nombreux méharistes ;
Une section de tirailleurs algériens ;
Un détachement du bataillon d'Afrique ;
Des services auxiliaires (hôpital, administration).

L'escadron de spahis sahariens n'avait pas d'emplacement fixe. Toujours en marche, il venait de parcourir le Grand Erg, la vallée entière de l'oued Saoura et le plateau du Mouydir.

Le 1er septembre 1902, les compagnies sahariennes, de nouvelle création, ont remplacé toutes ces unités dont le séjour dans les oasis occasionnait de fortes dépenses. Commandées par des cadres français restreints au strict nécessaire et par des officiers du service des affaires indigènes, ces troupes, formées presque exclusivement d'éléments indigènes pris de préférence dans le pays, s'entretiennent et se nourrissent sur place au moyen de simples allocations d'argent, sans qu'il soit besoin d'avoir recours aux convois de ravitaillement dont l'organisation entraîne des frais considérables. Ces compagnies comprennent de l'infanterie, de la cavalerie à cheval et à méhari et de l'artillerie. Elles sont placées sous les ordres directs du commandant supérieur des oasis sahariennes et occupent pour le moment (1) les trois grands groupes : du Gourara (à Timimoun), du Touat (à Adrar) et du Tidikelt (à Ksar El Kebir d'In Salah).

Depuis le mois de septembre 1901, le Gourara est relié avec El Goléa—Alger par une ligne télégraphique qui suit la vallée de l'oued Meguiden et aboutit à Timimoun.

A l'heure actuelle, des courriers hedomadaires existent régulièrement entre El Goléa—Timimoun—Adrar—Aoulef et entre El Goléa—In Salah—Aoulef. En outre, des messagers indigènes partent deux fois par mois de Timimoun et d'Adrar par Beni Abbès, dans la province d'Oran, ce qui établit ainsi des relations constantes entre les oasis sahariennes et l'Oranie, relations des plus utiles pour le service des renseignements. Mais ce système de courriers ne tardera pas à être modifié. Afin de faciliter les communications avec la province d'Oran à laquelle sont rattachées les oasis sahariennes par décret du 23 juin 1902, des courriers réguliers auront lieu chaque semaine entre Timimoun—Beni Abbès, et entre In Salah—Adrar—Beni Abbès, par la vallée de l'oued Saoura, en attendant que la route suivie soit celle de l'oued Namous—Duveyrier. Il n'existera plus, entre El Goléa et les oasis, que des messagers indigènes pour correspondre accidentellement.

---

(1) Il pourrait se faire que certaines modifications fussent apportées lors de la création projetée des territoires militaires du sud. Les oasis d'In Salah seraient alors rattachées à Ouargla—El Goléa ; les oasis sahariennes recevraient en échange les oasis de Csabi et de Kerzaz, situées dans la vallée de l'oued Saoura, à l'extrême-sud de la province d'Oran. La compagnie saharienne des oasis d'In Salah viendrait, dans ce cas, occuper l'Aoulef, dans le Tidikelt.

Température
des oasis sahariennes.

Pendant quelques mois de l'année, la température est fort élevée dans les oasis sahariennes. Bien que supportable, la chaleur sèche qui y règne n'en est pas moins anémiante.

Le Tidikelt est la région dont le climat peut être considéré comme étant le plus déprimant, par suite des vents chauds et lourds (sirocco) qui y soufflent encore plus fréquemment que dans le Touat et dans le Gourara.

En 1901, à Timimoun (Gourara), la température a subi, pendant les six mois chauds, les variations suivantes (1) :

MOIS.	6 heures du matin.		Midi.		3 heures du soir.		7 heures du soir.	
Avril.......	de 13	à 22	de 26	à 40	de 28	à 42	de 18	à 29
Mai........	17	27	30	41	31	43	24	34
Juin.......	22	31	36	45	37	47	31	40
Juillet......	27	34	42	48	44	50	37	41
Août.......	26	34	41	47	43	48	32	38
Septembre..	20	29	30	45	32	47	20	34

(1) Ces chiffres ont été pris sur les registres de l'hôpital de Timimoun, qui possède des instruments météorologiques disposés d'une manière rationnelle.

Avenir des oasis sahariennes.

Les oasis sahariennes constituent un pays nul et sans avenir. Dans cette triste et déserte région, tout s'oppose à une amélioration quelconque. Là : le soleil brûle pendant six mois de l'année ; des vents violents et chargés de sable soufflent continuellement et dessèchent tout sur leur passage ; la meilleure terre végétale est encore de qualité fort médiocre ; l'eau se trouve en réalité en petite quantité pour une si grande étendue de terrain (1). Les habitants blancs (Djouad), indifférents et indolents, sont ennemis de tout travail. Parmi eux il n'y a ni pauvres, ni riches ; tous grouillent dans l'oisiveté et dans la saleté ; ils cherchent à n'éprouver aucun besoin pour ne pas avoir à se les procurer et par suite ne pas se voir obligés à secouer leur doux farniente. Les gens de couleur (Harratin) et les Nègres ne travaillent que pour le « struggle for life » ; ils font juste le nécessaire et encore quel nécessaire !

Les fort nombreux palmiers à demi desséchés, les traces de feggaguir mortes, les ruines continues de ksour délaissés, ont pu faire croire que jadis les oasis sahariennes avaient

(1) Les puits artésiens, malgré leur nombre, ne pourront jamais apporter dans ce vaste désert qu'une augmentation d'eau sensible, mais encore insuffisante.

eu quelque splendeur. Le commandant Deporter, dans l'une de ses conférences, disait en 1891, d'après des renseignements : « C'est probablement de l'époque de l'invasion arabe « que date le commencement du dépérissement des oasis « sahariennes, car l'élément arabe nomade est le plus grand « fléau que l'on puisse imaginer pour un pays. En effet, il « détruit toujours et ne crée jamais. Le prophète Mohamed « a dit en parlant d'eux : « Ce qui devient arabe devient « ruine. »

Tout en tenant pour vraie l'opinion du commandant Deporter sur les Arabes, nous croyons que ces derniers n'ont pas trouvé plus que nous un pays bien florissant lorsqu'ils sont venus occuper les oasis sahariennes. Berbères et Arabes agissent de même. Si l'eau vient à manquer dans une foggara, les propriétaires préfèrent l'abandonner plutôt que de l'arranger ; ils aiment mieux délaisser leurs palmiers pour aller trouver ailleurs le repos ; et ce n'est que contraints qu'ils se décident à creuser de nouveaux puits et à planter de jeunes palmiers. Si les murs en toub des maisons et des ksour menacent ruine, faute de réparations, les habitants les évacuent et se casent dans un autre endroit tant bien que mal jusqu'à ce qu'ils se trouvent forcés à en construire d'autres.

Depuis notre arrivée dans les oasis sahariennes, l'activité et les efforts de nos officiers et de nos troupes se dépensent en pure perte au point de vue colonisation. Les indigènes contemplent avec dédain nos constructions et nos jardins ébauchés. Ils pensent, et peut-être en cela sont-ils plus forts que nous, que nous sommes bien sots de nous donner tant de mal lorsqu'il est possible à l'être humain de vivre autrement !

Installés par la force des choses dans le Gourara, le Touat et le Tidikelt, nous ne pouvons songer à en partir. L'opinion qui prédomine actuellement est toute à l'extension coloniale. La jonction de l'Algérie avec le Soudan, l'établissement du Transsaharien, l'installation du télégraphe, avec ou sans fil, pour relier la centre africain avec Alger, figurent dans les nombreux projets qui hantent les cerveaux de nos coloniaux.

Nous devons donc chercher à occuper la région des oasis sahariennes le plus économiquement possible, et, laissant les habitants végéter dans leur crasse, à pourvoir aux seuls besoins des quelques militaires français qui ont le courage de rester dans ce pays bizarre pour garder et protéger le drapeau de la France.

LES SPAHIS SAHARIENS

Livre d'or des spahis sahariens.

Vie éphémère, mais pleine de gloire, tel sera le jugement de ceux qui parleront de l'escadron de spahis sahariens. Si ces vaillants soldats avaient possédé un étendard, ils auraient pu inscrire au-dessous des mots « Honneur et Patrie », plus d'un nom glorieux, tels que : Deghamcha (1), In Rar (2), Logone (3), Chari (4).

Durant leurs huit années d'existence, ils prirent une part active à la pénétration dans l'extrême-sud algérien, à la conquête des oasis sahariennes, et à la longue et périlleuse mission Foureau-Lamy. Aussi sont-ils nombreux les spahis sahariens tombés victimes du devoir ou blessés au service de la France !

---

(1) Deghamcha, dans le Tidikelt. Combat livré le 5 janvier 1900, qui a amené la soumission de tous les ksour des oasis d'In Salah.

(2) In Rar, dans le Tidikelt. Combats des 18 et 19 mars 1900, dont les conséquences furent, outre la reddition du pacha du Timmi, la non-résistance dans toutes les oasis sahariennes.

(3) Logone, région du Tchad. Combats soutenus les 6 et 9 mars 1900, par les troupes de la mission Foureau-Lamy, contre le fils aîné de Rabah, Fadel Allah.

(4) Chari, région du Tchad. Important combat livré le 22 avril 1900, contre le sultan du Bornou, Rabah, qui fut tué, par les trois missions françaises réunies (Foureau-Lamy, Joalland-Meynier et Gentil).

Le 12 juillet 1896, le chef de groupe Bou Midouna ben Abdallah est tué près de Fort Mac-Mahon (extrême-sud algérien) par des Chàamba dissidents, venus pour enlever les méhara de l'escadron de spahis.

Le 2 août 1896, le spahi Yaya ben Ahmed, porteur d'une dépêche, se perd entre El Goléa et Hassi Inifel dans les dunes de Daya Sarret (extrême-sud algérien) et meurt de soif.

Le 31 octobre 1896, le spahi Mohamed ben Saïd trouve la mort non loin de Fort Miribel, dans l'oued Galloucen (extrême-sud algérien), en défendant contre les dissidents le lieutenant Collot, des tirailleurs sahariens.

Le 9 mars 1900, dans la région du lac Tchad, les spahis Sassi ben Attalah et Khaled ben Mohamed ben Sliman, qui faisaient partie du peloton de spahis sahariens détaché à la mission Foureau-Lamy, sont tués au combat du Logone.

Le 5 janvier 1900, au violent combat de Deghamcha (Tidikelt), le spahi Miloud ben Bachir est tué.

Le 19 mars 1900, dans les oasis d'In Rar (Tidikelt), à l'assaut de la kasbah sud de Ksar Lekhal, le spahi Ahmed ben Attala est tué par l'explosion d'une mine. Le spahi Amar ben Ali, atteint par la même explosion, meurt le lendemain des suites de ses blessures.

Le 21 juin 1900, le lieutenant Lau, en revenant de poursuivre un rezzou de Touareg, est atteint d'insolation et s'égare, suivi du spahi ordonnance français Cattier et du spahi indigène Mokrani ben Tahar, dans les dunes sud-ouest d'Akabli, où ils meurent de soif.

Le 31 août 1900, le spahi Ahmed ben Hamouadi est blessé mortellement à Métarfa (Gourara), et succombe le lendemain.

Le 3 mars 1901, le lieutenant Dagues de la Hellerie, les chefs de groupe Abdesselem ben Gheit et Mohamed ben Guettaf, les spahis Naëmi ben Zaïd, Mohamed ben Telib et Taieb ben Sekouan, trouvent la mort à El Hamira, près

LE LIEUTENANT DE C***

de Charouin (Gourara), dans une lutte désespérée contre les Beraber six à sept fois supérieurs en nombre.

Que dire du courage du chef de groupe Abdelkader ben Mohamed ! Le 30 août 1900, ce gradé, en mission importante avec un méhariste, est attaqué, à trois kilomètres d'Ouajda (Gourara), par un djich de Beraber. Atteint d'un coup de feu qui, après lui avoir broyé le bras droit, lui fait une blessure au côté droit, il est laissé pour mort sur le terrain. Revenu à lui, il suspend à son cou son bras broyé avec une corde prise à son méhari, et se traîne ainsi jusqu'à Ouajda, où son premier soin est de faire écrire par le taleb de la zaouïa une lettre à Timimoun pour signaler la présence des Beraber, qui marchent contre un détachement français en reconnaissance.

La liste des blessés est longue chez les spahis sahariens qui se distinguent partout où ils se trouvent : Dans l'extrême-sud algérien, lors des attaques par des Châamba dissidents près de Fort Mac-Mahon et dans l'oued Ghalloucen ; dans la région des oasis sahariennes, aux combats d'Igosten, de Deghamcha, d'In Rar, de Métarfa, de Charouin, d'El Hamira, de Talmin ; dans l'Aïr et dans la région du lac Tchad, lors des sanglantes rencontres des troupes de la mission Foureau-Lamy avec les Touareg où les soldats du sultan du Bornou à Iférouane, à Guettra, à Koussri, au Logone, au Chari, à Deguemba et à Isségué.

LE SELLER POUR LE DÉPART.

LE CHARGEMENT DES MEHARA PORTEURS.

Organisation

de l'escadron de spahis sahariens.

Dès les premiers temps de notre pénétration dans l'extrême-sud algérien, on songea à occuper le pays au moyen de ses propres ressources en hommes et en animaux. Cette idée, qui amenait la formation des troupes sahariennes recrutées principalement à Metlili, à Ouargla et à El Goléa devait conduire, par cela même, après la conquête des oasis sahariennes, à leur suppression et à leur remplacement par des gens pris dans la nouvelle région.

Créé par la loi du 5 décembre 1894 et organisé par le décret du 9 décembre de la même année, l'escadron de spahis sahariens ne compta primitivement que deux pelotons (3 officiers et 99 hommes). La décision ministérielle du 2 avril 1896 autorisa la formation du troisième peloton; et celle du 10 février 1900, le recrutement d'un quatrième (1).

L'escadron eut alors ses effectifs au complet : 7 officiers

(1) Les spahis sahariens n'avaient comme montures que des méhara (chameaux de selle). Au singulier : méhari.

français dont un vétérinaire, 43 spahis français et 144 spahis indigènes ; 96 méhara appartenant à l'État et 282 possédés par les spahis indigènes.

Les officiers et les spahis français jouissaient de nombreux avantages : soldes fortes, indemnités diverses, congés de quatre mois avec solde entière de présence, etc. Les indigènes touchaient 100 francs par mois, et 120 francs, lorsqu'ils étaient chefs de groupe. Ils devaient pourvoir de tout temps à leur nourriture et à celle de leurs montures, surtout en dehors des pâturages. Les spahis indigènes recevaient en outre des primes d'engagement et de rengagement assez élevées : 200 francs pour deux ans, 300 et 400 francs pour trois et quatre ans. Ils avaient droit enfin à une indemnité de première mise de harnachement et d'habillement renouvelable tous les deux ans : 150 francs pour les chefs de groupe et 120 francs pour les cavaliers.

Le spahi saharien.

Recrutés dans les tribus des Châamba-Mouadhi d'El Goléa, des Châamba-Berezga de Metlili et des Châamba-Bou Rouba de Ouargla, les spahis sahariens étaient des plus aptes, par leurs origines, à vivre l'existence errante qu'ils menaient durant toute l'année. Nés en plein air, élevés de même, ils possédaient les qualités qui sont le dévolu des gens nomades. C'étaient des marcheurs infatigables, des observateurs scrupuleux du terrain, des pisteurs experts, des gardiens vigilants et des amateurs friands de la poudre et de la lutte. Méharistes émérites, ils possédaient à fond la notion du chameau qui avait été leur compagnon d'enfance. C'étaient en outre des guides précieux ; car que de fois n'avaient-ils pas parcouru le pays en caravanes, à la chasse, à la recherche de bêtes volées ou même à voler ! Tous connaissaient parfaitement l'extrême-sud algérien, et beaucoup n'ignoraient pas les tours et détours de la région des oasis sahariennes qu'ils avaient sillonnée pendant qu'ils étaient en dissidence (1).

---

(1) En 1902, l'escadron de spahis sahariens possédait un grand nombre d'anciens Châamba dissidents qui s'étaient soumis au fur et à mesure lors de notre marche de pénétration saharienne. Plus d'un d'entre eux avaient

Lorsqu'ils ne se trouvaient pas en colonne ou en exploration, les spahis sahariens étaient campés dans les pâturages pour faire manger et reposer leurs méhara. Essentiellement vagabonds, ils ne séjournaient jamais dans les ksour. Été comme hiver, sous le soleil brûlant comme par la bise glaciale, ils ne possédaient nul abri. Les officiers seuls avaient de petites tentes dont ils se servaient quelquefois. La nuit, tous se couchaient, enveloppés dans des burnous, à côté des armes et des rahlas (1), toujours prêts à répondre aux appels des sentinelles et à repousser les attaques.

Une tenue par trop militaire n'aurait pas été en rapport avec le genre de vie de ces gens, toujours par dunes et par hammadas (2). Néanmoins les spahis sahariens portaient des vêtements identiques, simples et appropriés à leurs faits et gestes. Une longue gandoura blanche serrée à la taille par une ceinture en flanelle rouge recouvrait leur large pantalon, en toile bleue, rétréci au-dessus de la cheville et leur veston en molleton rouge. Leur coiffure consistait en une chéchia rouge très dure que cachait en partie un chèche blanc. Ordinairement nu-pieds, ils mettaient parfois pour marcher à pied des savates en cuir appelées sebat el kafala. Ils se servaient de burnous blancs et noirs pour se protéger contre la chaleur ou contre le froid.

Une marque distinctive, signe fort apparent et bien visible, était nécessaire pour pouvoir ne pas les confondre

---

fait partie de rezzous dirigés contre nous. Certains même avaient été engagés après avoir pris, comme adversaires, une part active aux combats de 1901, dans le Gourara.

(1) *Rahla*, selle du chameau.

(2) *Hammada*, plateau uni, rocailleux et sans végétation. Le pluriel arabe régulier est *hammad*. Lorsque le terrain est ferme sans être rocailleux, et recouvert parfois d'un peu de verdure, il prend le nom de *reg*, par opposition au terrain dit de *nebka*, formé par du sable demi-meuble et propre à la végétation.

SPAHIS SAHARIENS EN ROUTE.

L'ARRIVÉE AU CAMP. — LE DESSELLER.

avec les autres indigènes dont ils portaient presque le costume. Elle consistait en un baudrier porte-cartouches qui tranchait sur la gandoura blanche par le rouge vif du filali avec lequel il était fait. Les deux bandes de ce baudrier passaient par-dessus les épaules et étaient reliées devant et derrière par un ceinturon porte-cartouches en cuir.

Le spahi saharien, appelé à combattre à pied (1), possédait un double armement : le sabre de cavalerie et le mousqueton d'artillerie muni de l'épée-baïonnette. Il avait toujours par devers lui cent-vingt cartouches en chargeurs, dont soixante-neuf dans une giberne en cuir suspendue à la rahla de son méhari.

(1) Les gens à méhari ne combattent jamais montés, à cause de la lenteur d'obéissance de cet animal. Ils se portent à toute allure sur le lieu du combat, sautent à terre et se servent à pied de leurs armes. Les méhara, tenus en main par quelques hommes seulement, sont conduits à l'écart et à portée des combattants.

Le méhari.

Dans les régions avancées que nous occupons depuis 1891, le cavalier à méhari est incontestablement supérieur au cavalier à cheval. Avec lui, mobilité extrême par la suppression des convois d'eau et d'orge, et comme le méhariste est recruté dans le pays, par la suppression aussi des convois de vivres. Il peut transporter avec lui le nécessaire pour quinze jours; et, le cas échéant, l'indispensable pour un mois. Sa monture se nourrit des plantes trouvées en route, et reste au besoin, même en été, quelques jours sans boire. Si, pour une très courte distance, le cavalier à cheval l'emporte en rapidité, le méhariste, lui, peut soutenir fort longtemps une allure moyenne et parcourir, d'une seule traite, de longs trajets.

Le harnachement fort simple du méhari permet au cavalier d'attacher à la selle nommée rahla une guerba de trente à quarante litres d'eau, et plusieurs espèces de sacs appelés semat (1) et mezoued (2), destinés aux vivres et aux effets. La rahla, dont la forme est fort originale et

---

(1) *Sematt*, sacoches doubles dont le tissu est en poil de chameau ou en poil de chèvre.

(2) *Mezoued*, au pluriel *mezaoud*. Sac fait de la dépouille tannée d'un chevreau.

toute particulière, se pose en avant de la bosse du méhari. Elle est fixée au moyen d'une sangle qui passe sous le ventre de la bête et d'une double corde placée en arrière des côtes. Le cavalier dont les deux pieds nus sont croisés sur la naissance du cou du méhari, le conduit avec l'arzema, corde tressée en cuir, qui est attachée à un anneau en métal passé au nez de l'animal. A l'arzema l'on ajoute souvent une sorte de caveçon en cuivre ou en fer connu sous le nom de arssen. L'arssen est pourvu d'une petite tige en métal qui fait fonction de gourmette par suite d'une disposition spéciale.

Chaque spahi saharien possédait deux méhara au moins rabâ, c'est-à-dire âgés de six ans (1).

La nourriture fondamentale du chameau (2) consiste en certaines plantes continuellement ou temporairement bonnes, qu'il trouve disséminées un peu partout. Lorsque ces plantes sont localisées en assez grande quantité dans certains endroits, elles forment ce que l'on appelle des pâturages. En dehors de ces derniers, ou quand ils sont de passage dans les oasis, les indigènes sont obligés de nourrir leurs chameaux avec de l'orge, de l'achef (3), des belah (4) et de la verdure (zrâa).

---

(1) Les indigènes ne disent jamais le nombre d'années; mais ils se servent, pour indiquer l'âge des chameaux, d'expressions correspondantes. Ainsi : *hachi*, jeune chameau ayant ses dents de lait; *tseni*, animal de 5 ans, avec deux dents d'adulte; *rabâ*, bête de 6 ans, avec quatre dents d'adulte; *sedene*, chameau de 7 ans, avec six dents d'adulte; *grâa*, *graaïn*, *tleta grâa*, etc., animaux de 8, 9, 10 ans, etc.

(2) Le chameau d'Afrique n'a qu'une bosse; c'est donc un dromadaire, et l'appellation usuelle dont on se sert est impropre. Le méhari provient d'une sélection faite parmi les chameaux. Les meilleurs et les plus jolis méhara sont ordinairement les produits d'un étalon méhari et d'une naga (chamelle), choisis avec soin.

(3) *Achef*, dattes sèches de qualité inférieure, provenant soit de fruits tombés ou enlevés à l'arbre avant complète maturité, soit de fruits de palmiers bours.

(4) *Belah*, régime de dattes vertes coupé à l'arbre, afin de soulager le palmier.

UN CAMP.

UNE ALERTE AU CAMP. — PRÊTS A TIRER.

Dans le Sahara, les principales plantes que les chameaux recherchent pendant toute l'année sont : l'azel, le merkh, le guedham, le farsiga, le semebri, le belbel ; l'aghdam, le kreciba, l'alma, le taskra ; le rabia oum rkeiba, le gouglane ; le drinn, le nessi ; le reguig qui vient dans les sables à la suite des pluies, etc... En été, les chameaux sont très friands de hadh ; en hiver, de damran. Au printemps, ils mangent avec plaisir l'arta, le retem et le zeita en fleurs, ainsi que le loul ou graine du drinn.

Les chameaux et surtout les méhara réclament énormément de soins. Dès qu'un chameau maigrit, ce qui se voit à sa bosse qui diminue, il doit être mis au repos dans de bons pâturages. Le froid humide et la pluie les rendent facilement malades. En hiver, un grand nombre d'entre eux attrapent la gale, dont le meilleur remède est encore jusqu'à présent le goudron de bois. Chaque année les spahis sahariens devaient, plusieurs fois par mois, goudronner leurs méhara aux parties atteintes de la gale, et annihiler cette maladie très contagieuse lorsque les animaux sont réunis.

Méharistes et spahis sahariens.

La création des spahis sahariens ne fut pas une innovation; mais une réminiscence d'essais nombreux et éphémères qui, jusque-là, avaient été faits avec des soldats d'infanterie.

Voici ce que dit le capitaine Coulombon au sujet des méharistes (1) :

« Nombre d'auteurs anciens : Hérodote, Pline, Tite-Live, « Diodore, Xénophon, Tacite par exemple, mentionnent « des soldats montés à dromadaire et citent les combats « dans lesquels ils se sont signalés.

« Dans les temps plus rapprochés de nous, un régiment « de dromadaires a fait partie de l'armée d'Égypte.

« Par ordre du jour du 20 nivôse an VII, Bonaparte créa « un régiment de dromadaires à deux escadrons de quatre « compagnies et en confia le commandement au chef de « brigade Cavalier. Il ordonna à Berthier de choisir, dans « l'infanterie, des hommes d'élite pour faire partie du nou- « veau corps.

« Les services rendus par le corps de dromadaires pen-

---

(1) *De la défense des tribus de l'Extrême-Sud*, par le capitaine Coulombon, des affaires indigènes.

« dant la campagne d'Égypte furent très appréciés par « toute l'armée. Le nombre des dromadaires s'éleva d'abord « à 100; il fut porté à 700, lorsque Desaix vint fusionner « avec le régiment du Caire le corps de dromadaires de la « Haute-Égypte. Les hommes apprirent promptement à se « faire obéir de leurs montures et à les faire manœuvrer « comme des chevaux.

« Ce corps fut licencié le 18 fructidor an IX et son effectif « (25 officiers et 340 hommes) fut versé dans la gendarmerie « nationale.

« En juillet 1843, le général Marey-Monge proposa la « formation d'une colonne de 600 dromadaires portant « 1200 hommes d'infanterie, avec des vivres pour douze « jours. On fit un essai qui réussit complètement, avec « 100 hommes pris dans le 33e de ligne et dans le 2e ba-« taillon de chasseurs d'Orléans. Ces dromadaires devaient « surtout constituer les convois; mais le commandant Car-« buccia tenait à prouver au maréchal Bugeaud qu'on pou-« vait en tirer parti pour le transport de l'infanterie. On « vit donc dans une revue passée le 21 janvier 1844, sur « le champ de manœuvre de Mustapha, 100 dromadaires « montés par 100 hommes d'infanterie marcher en colonne, « en bataille, au pas et au trot, puis les cavaliers sauter de « leur monture, se déployer en tirailleurs, exécuter des « feux, pendant que les dromadaires étaient tenus en main, « par quatre, par un seul homme.

« En présence de ces résultats le maréchal gouverneur, « par décision en date du 31 janvier 1844, approuvée par « le ministre de la guerre le 22 juin de la même année, or-« ganisait deux équipages de dromadaires, l'un à Médéa, « l'autre à Mascara. »

Ces équipages ne durèrent pas longtemps, et quelques années après ils avaient déjà disparu.

Le 10 mars 1853, le colonel Desvaux, dans sa colonne sur Ouargla, faisait monter à dromadaire 200 hommes de la légion étrangère.

UN CAMP DANS L'INTÉRIEUR D'UNE KASBAH.

UNE FANTASIA A PIED.

Au mois de mars 1891, peu de temps après l'occupation permanente d'El Goléa, le ministre de la guerre décida la création, dans cette oasis, d'une compagnie de tirailleurs montés à méhari. Cette compagnie, dont l'effectif fut de 120 méhara montés et de 30 chameaux porteurs, ne dura guère plus de vingt mois. Les tirailleurs, d'origine kabyle, c'est-à-dire natifs d'une contrée où le chameau est inconnu, ne surent pas tirer un grand parti de leurs montures. Ils surent encore moins en prendre soin, et les méharistes d'El Goléa disparurent peu à peu par extinction de méhara.

En 1899, un peloton de 30 méharistes indigènes fut formé à Tombouctou pour servir de garde-frontières, et fut placé sous le commandement d'un officier et de quatre gradés français. Ce peloton fut licencié le 1er octobre 1901.

Il n'y a pas lieu de s'étonner de voir toutes ces créations successives péricliter, puis disparaître, malgré les services rendus, après un laps de temps très court. Jusqu'en 1894 les méhara furent toujours confiés à des Européens ou à des indigènes du nord de l'Algérie, pris dans l'infanterie qui compte rarement dans ses rangs des gens appartenant à des tribus nomades. Ces hommes, par leur essence même, ne possédaient aucune des qualités requises pour faire des méharistes. Il faut des gens nés et élevés au milieu des chameaux et les connaissant à merveille; car le fait d'aller d'un point à un autre sur un méhari ne constitue pas le méhariste qui, lui, doit savoir ménager sa monture, la soigner et l'entretenir dans un état tel qu'il puisse lui demander un long effort lorsque le besoin s'en fait sentir.

Un exemple très récent est curieux à citer. En 1900, les tirailleurs sahariens obtinrent, par décision ministérielle du 28 juin, le droit d'avoir un petit équipage de chameaux « pour permettre à chaque compagnie, dit le rapport, d'ef-« fectuer elle-même le transport de ses vivres et de ses « bagages et d'avoir constamment une partie de son per-« sonnel menant la vie des nomades du Sahara tout en « faisant pâturer les chameaux — pour permettre aussi,

« ajoutait-on, aux tirailleurs sahariens de battre continuel-« lement le pays et d'être toujours prêts à se porter sur les « points menacés ». Cette création faisait double emploi avec l'escadron de spahis sahariens sans cesse en mouvement ; en outre c'était confier à des hommes recrutés un peu partout et rarement chez les Châamba, des animaux qu'ils ignoraient. Le résultat fut probant. Chaque compagnie s'empressa d'acquérir une quarantaine de chameaux qui moururent en quelques mois..... avant que le pays soit battu !

L'organisation des spahis sahariens, de 1894, avec des nomades et non des ksouriens (1), faisait un corps de cavaliers méharistes et non de fantassins grimpés à chameaux. Elle donnait ainsi à cette troupe le rôle véritable et prépondérant qu'elle avait à remplir dans ces contrées dépourvues de chevaux, le rôle d'exploration et de poursuite qui avait été négligé lors des essais précédents. Le résultat fut heureux et les spahis sahariens qui parcourent en tous sens les régions de l'extrême-sud algérien, les oasis du Gourara, du Touat et du Tidikelt, qui explorèrent le Tadmaït, le Grand Erg, la vallée de l'oued Saoura et le plateau du Mouydir (2), durèrent plus longtemps que les autres méharistes. Ils ne durent leur suppression qu'à des obligations budgétaires et qu'à une transformation apportée dans la manière d'occuper plus économiquement et moins militairement les oasis sahariennes.

Durant leurs huit années d'existence les spahis saha-

(1) *Ksouriens*, habitants sédentaires des ksour.

(2) La dernière carte des régions sahariennes (oasis, Grand Erg, Tadmaït, Mouydir) a été composée en grande partie avec les relevés topographiques faits en 1901-1902 par les officiers de l'escadron de spahis sahariens. Cette carte au 1/250,000e sera, espérons-le, livrée à la publicité, car elle a demandé un travail considérable, aussi bien à ceux qui ont rassemblé les itinéraires qu'à ceux qui les ont relevés.

riens n'échappèrent pas à la critique de certains esprits jaloux. « L'on n'envie que ce qui est enviable ». Voilà ce que purent se dire ces soldats d'élite qui reçurent, en maintes occasions, des félicitations de la part des commandants de colonne. M. Foureau, dans son récent ouvrage (1), parle d'eux en termes élogieux, à propos d'un incident de route survenu le 2 février 1899.

« Dans la soirée du 2 février, dit-il, nous avions vu « arriver (2) deux méhara provenant du convoi escorté « par de Thézillat ; l'un d'eux était monté par Ali ben « Mouissat, l'autre par un cavalier des spahis sahariens. « Le lieutenant les a expédiés en avant, dès le troisième « campement après Tadent, pour aller chercher de l'eau... « Le commandant Lamy lui envoie donc aussitôt une dou- « zaine d'outres pleines, chargées sur trois chameaux que « conduisent des Châamba du convoi libre, plus les deux « émissaires précités. Une dizaine de kilomètres après « avoir quitté le camp, le groupe rencontre deux autres « spahis sahariens, envoyés comme second courrier, dans « la crainte que les premiers ne se fussent égarés. Ces deux « cavaliers venaient à ce moment de parcourir une soixan- « taine de kilomètres, n'ayant point bu depuis quarante- « huit heures ; au lieu de pousser jusqu'au camp de la « mission pour s'y désaltérer et y attendre l'arrivée de leur « corps — ce qui eût été très licite puisqu'ils avaient ren- « contré les chameaux d'eau en route, — ces deux spahis « sahariens n'ont pas hésité à tourner bride et à revenir « sur leurs pas, escortant les chameaux jusqu'à leur arri- « vée aux mains de leur officier, moment auquel ils avaient « alors couvert, dans la journée et la nuit, plus de 120 « kilomètres. J'ai donné en détail ce récit, pour faire « connaître quelle est la dose d'endurance et de dévoue-

(1) *D'Alger au Congo par le Tchad*, 1902. (Mission saharienne Foureau-Lamy.)

(2) La mission Foureau-Lamy se trouvait alors à In Azaoua.

« ment qu'il est permis d'attendre des nomades du sud « algérien, parmi lesquels se recrutent les spahis saha- « riens ; et aussi pour montrer ce qu'on peut demander à « des hommes de cette trempe quand on les connaît, et « que l'on sait s'en faire aimer et par conséquent s'en « servir. »

Toute autre citation serait une superfluité qui ne saurait que déflorer les quelques lignes du vaillant explorateur civil qui, plus que tout autre, a pu juger sans aucun parti pris les spahis sahariens détachés dans sa mission.

Le 31 août 1902, à la veille du jour de licenciement des troupes sahariennes, au moment où les spahis sahariens que les combats et les longues chevauchées avaient profondément unis dans une même vie intime, échangeaient tristement les derniers adieux de séparation, la dépêche suivante leur parvenait dans les oasis :

« A la veille du licenciement de l'escadron de spahis et « du bataillon de tirailleurs sahariens, le général com- « mandant le corps d'armée leur adresse un adieu cordial « et reconnaissant. Il célèbre leurs mérites dans un ordre « général aux nouvelles compagnies des oasis, qui trem- « peront leur cœur dans le vivifiant souvenir de leurs « prédécesseurs. »

UN SPAHIS EN VEDETTE.

TABLEAUX

DES

PRINCIPAUX ITINÉRAIRES DES OASIS SAHARIENNES

Itinéraire de Hassi el Homeur (Fort Mac-Mahon) (1) à Timimoun (Gourara) par Hassi Drina.

	DISTANCE	
	des points entre eux.	de point de départ.
	kilom.	kilom.
Hassi El Homeur (Fort Mac-Mahon)	»	»
Hassi Maghzen	8	8
Hassi Aïcha	26	34
Hassi Chouiref	16	50
Hassi Lefaïa	16	66
Hassi Fersiga	21	87
Hassi Drina	22	109
Hassi Moussa	12	121
El Kef	27	148
Timimoun (Gourara)	12	160

(160 kilomètres).

---

(1) Fort Mac-Mahon se trouve à 1049 kilomètres d'Alger.

Itinéraire de Hassi El Homeur (Fort Mac-Mahon) à Timimoun (Gourara) par Foggara Ramedje.

	DISTANCE	
	des points entre eux.	du point de départ.
	kilom.	kilom.
Hassi El Homeur (Fort Mac-Mahon)	»	»
Hassi Bou Reneb	38	38
Hassi Rethem	14	52
Foggara Ramedje	33	85
El Kef	49	134
Timimoun (Gourara)	12	146

(146 kilomètres).

Itinéraire de Hassi Chebbaba (Fort Miribel) (1) à In Salah (Tidikelt).

	DISTANCE	
	des points entre eux.	du point de départ.
	kilom.	kilom.
Hassi Chebbaba (Fort Miribel)	»	»
Oued Tabaloulet	34	34
Oued Tinedjem	23	57
Tilmas Ferkla	41	98
Tilemsine	36	134
Aïn El Guettara	28	162
Oued El Abiod	27	189
Hassi El Mongar	34	223
Foggaret El Kebira	38	261
Igosten	25	286
In Salah (Tidikelt) Ksar El Kebir	17	303

(303 kilomètres).

(1) Fort Miribel se trouve à 1022 kilomètres d'Alger.

Itinéraire de Timimoun (Gourara) à In Salah (Tidikelt) par la ligne des Oasis.

	DISTANCE des points entre eux.	DISTANCE du point de départ.
	kilom.	kilom.
Timimoun (Gourara)	»	»
Ouajda	13	13
El Barka	43	56
Ouled Abbou-Deldoul	5	61
Ouled Mahmoud	19	80
Kaberten	21	101
Sba	27	128
Guerara	4	132
Meraguen	23	155
Adrar (Touat)	12	167
Tamentit	12	179
Abenkour	6	185
El Mansour-Fenourin	10	195
Baamar	15	210
El Hamer	8	218
Tiouririn	11	229
Zaglou	5	234
Zaouïet Kounta	6	240
Bou Ali	9	249
Ksar d'Inzegmir	5	254
Tittaouin	5	259
Tiloulin	3	262
El Meharza	10	272
Berrich	13	285
Anzeglouf	7	292
Ennfis	13	305
Taourirt	10	315
Oued Chebbi	23	338
Hassi El Mellah	42	380
Zaouïet Heinoun (Aoulef)	31	411
Ksar Mansour (Akabli)	41	452

Itinéraire de Timimoun à In Salah *(suite)*.

	DISTANCE	
	des points entre eux.	du point de départ.
	kilom.	kilom.
Tit	25	477
Aïn Cheick	35	512
Ksar Lekhal (In Rar)	11	523
Aouïnet Sissa	37	560
Barka	13	573
Ksar El Kebir (In Salah)	6	579

(579 kilomètres).

Itinéraire de Timimoun (Gourara) à In Salah (Tidikelt) par les Oasis et le plateau du Tadmaït.

	DISTANCE	
	des points entre eux.	du point de départ.
	kilom.	kilom.
Timimoun (Gourara)	»	»
Ksar d'Inzegmir	254	254
Hassi Caïd Embarech	51	305
Hassi Mouley Achem	26	331
Timokten	27	358
Zaouïet Heinoun (Aoulef)	8	366
Hassi Bou Kasbah	24	390
Tit	19	409
Ksar El Kebir (In Salah)	102	511

(511 kilomètres).

Itinéraire de Timimoun (Gourara) à In Salah (Tidikelt) par le plateau du Tadmaït.

	DISTANCE	
	des points entre eux. — kilom.	du point de départ. — kilom.
Timimoun (Gourara)	»	»
Hassi Meharzi	44	44
Hassi Isfaounen	21	65
Hassi In Azzen	121	186
Ksar Matriouen	23	209
Hassi Terraga	96	305
Hassi Mouilok	25	330
Barka	32	362
Ksar El Kebir (In Salah)	6	368

(368 kilomètres).

Itinéraire de Timimoun à Ksar El Hadj (Aouguerout) par Hassi Bou Dheman.

	DISTANCE	
	des points entre eux. — kilom.	du point de départ. — kilom.
Timimoun	»	»
Tinoumeur	14	14
Hassi Boura	18	32
Hassi Bou Dheman	15	47
Bou Guemma	44	91
Tiberkanim	5	96
Ksar El Hadj (Aouguerout)	2	98

(98 kilomètres).

Itinéraire de Timimoun à Tabelkoza (Tinerkouk).

	DISTANCE des points entre eux.	DISTANCE du point de départ.
	kilom.	kilom.
Timimoun	»	»
El Kef	12	12
El Hadj Guelman	10	22
Semota	3	25
Ouadghar	41	66
Tahantas	14	80
Tabelkoza (Tinerkouk)	7	87

(87 kilomètres).

Itinéraire de Timimoun à Talmin par les Ouled Aïssa.

	DISTANCE des points entre eux.	DISTANCE du point de départ.
	kilom.	kilom.
Timimoun	»	»
Tinzeri-El Ahmar	26	26
Ouled Aïssa	13	39
Takhouzi	26	65
Seguia	9	74
Talmin	4	78

(78 kilomètres).

Itinéraire de Timimoun à Csabi par Charouin-Hassi Mallem.

	DISTANCE	
	des points entre eux.	du point de départ.
	kilom.	kilom.
Timimoun	»	»
Taoursit	11	11
Tasfaout	23	34
Charouin	26	60
El Hamira	28	88
Mallem	10	98
Csabi	44	142

(142 kilomètres).

Itinéraire de Timimoun (Gourara) à Adrar (Touat) par Charouin-Erg bou Djemaa.

	DISTANCE	
	des points entre eux.	du point de départ.
	kilom.	kilom.
Timimoun (Gourara)	»	»
Charouin	60	60
Erg Hassi Bou Djemaa	62	122
Hassi Dcheira	35	157
El Kseibat	24	181
Ben Draou	4	185
El Mansour	5	190
Adrar (Touat)	18	208

(208 kilomètres).

Itinéraire d'Adrar à Csabi par la vallée de l'Oued Saoura.

	DISTANCE	
	des points entre eux.	du point de départ.
	kilom.	kilom.
Adrar (Touat)	»	»
El Kseibat (route directe)	25	25
Hassi Dcheïra	24	49
Hassi Djebbel	23	72
Hassi Zouarz	28	100
Hassi Tilemsi	11	111
Hassi Zemla	13	124
Foum El Kheneg	14	138
Csabi	17	155

(155 kilomètres).

Itinéraire des Ouled Abbou (Gourara) à Sba (Touat) par Métarfa-Brinken.

	DISTANCE	
	des points entre eux.	du point de départ.
	kilom.	kilom.
Ouled Abbou (Gourara)	»	»
Ouled Rached	16	16
Sahela	11	27
Métarfa	1	28
Brinken	21	49
El Maïz	5	54
Sba (Touat)	16	70

(70 kilomètres).

Itinéraire d'In Salah à Hassi El Khenig et à Ksar Mansour (Akabli) par la vallée de l'Oued Botha.

	DISTANCE	
	des points entre eux.	du point de départ.
	kilom.	kilom.
In Salah (Ksar El Kebir)	»	»
Hassi Bel Hadj	21	21
Hassi Gouira	11	32
Hassi El Khenig	70	102
Hassi In Bazen	30	132
Hassi Aredj	78	210
Aïn Imellal	22	232
Aīn Tinkghidiouin	19	251
Ksar Mansour (Akabli)	31	282

(282 kilomètres).

TABLE DES MATIÈRES

PREMIÈRE PARTIE.

DEUXIÈME PARTIE.

TROISIÈME PARTIE.

LES SPAHIS SAHARIENS.

ITINÉRAIRES.

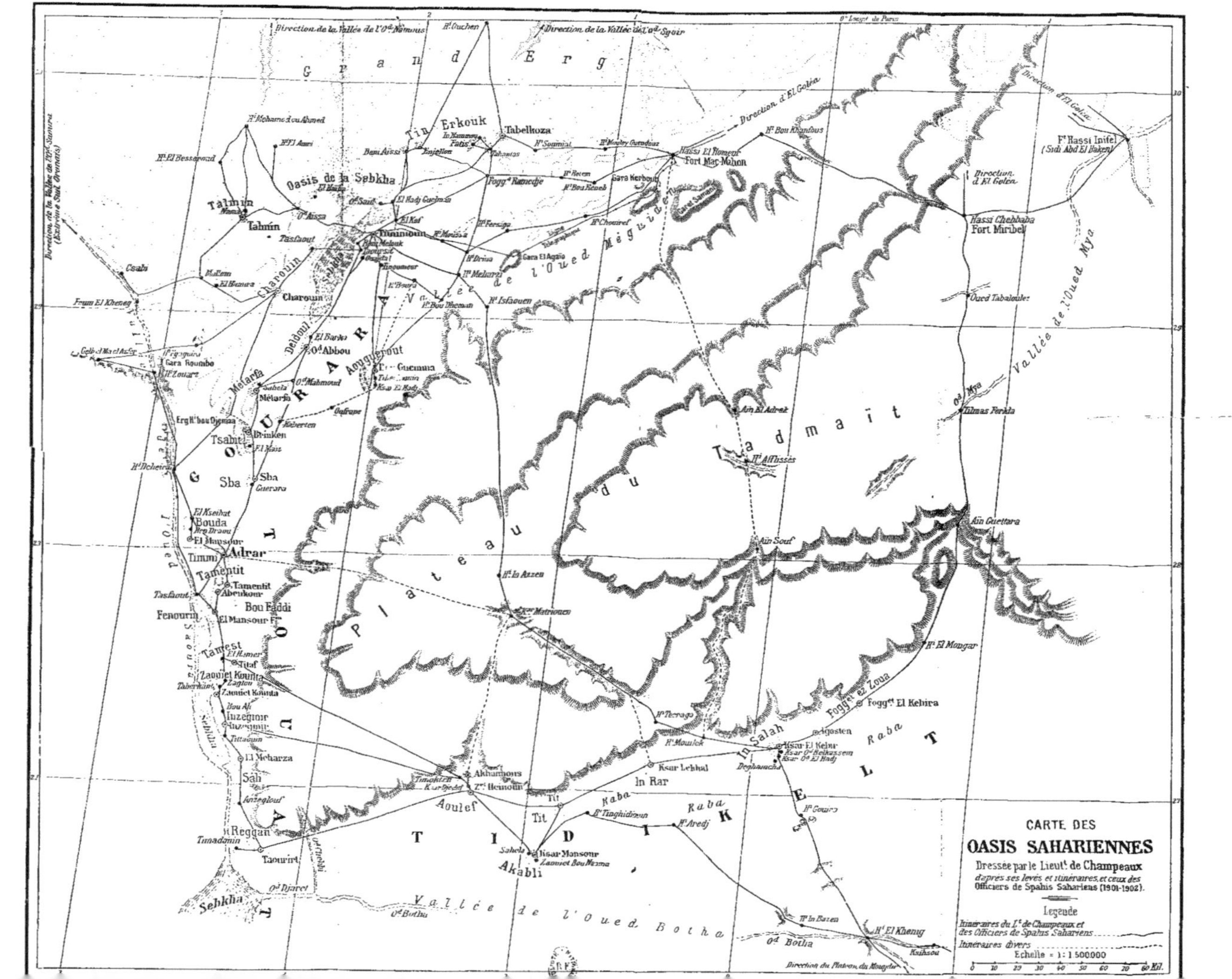
CARTE DES
OASIS SAHARIENNES
Dressée par le Lieut. de Champeaux
d'après ses levés et itinéraires, et ceux des Officiers de Spahis Sahariens (1901-1902).
Légende
Itinéraires du Lt. de Champeaux et des Officiers de Spahis Sahariens
Itinéraires divers
Echelle = 1 : 1 500000
Grand Erg
Direction de la Vallée de l'Od. Namous
Direction de la Vallée de l'Od. Sgoir
Direction d'El Goléa
Oasis de la Sebkha
Tin Erkouk
Tabelkoza
Hassi El Homeur
Fort Mac-Mahon
Hassi Chebbaba
Fort Miribel
F.t Hassi Inifel
(Sidi Abd El Haken)
Timimoun
Charouin
Deldoul
Aougrout
GOURARA
Vallée de l'Oued Méguiden
Vallée de l'Oued Mya
Plateau du Tademaït
Aïn Guettara
Aïn Souf
Adrar
Timmi
Tamentit
Bou Faddi
Fenourin
Tamest
Zaouiet Kounta
Reggan
Taourirt
Sebkha
TOUAT
Aoulef
Akabli
In Rar
In Salah
TIDIKELT
Fogg.t ez Zoua
Fogg.t El Kebira
Vallée de l'Oued Botha
Od. Botha
Saoura
Grand Erg

PARIS. — IMPRIMERIE R. CHAPELOT ET Ce, 2, RUE CHRISTINE.

www.ingramcontent.com/pod-product-compliance
Ingram Content Group UK Ltd.
Pitfield, Milton Keynes, MK11 3LW, UK
UKHW021906260726
13966UKWH00006B/1039

9 782013 422017